SCHACHFIGUREN

SCHACHFIGUREN

A. E. J. MACKETT-BEESON

MUNDUS VERLAG

Vorbemerkung

Für die freundliche Überlassung verschiedener in diesem Buch abgebildeter Schachfiguren möchte der Verfasser den im folgenden namentlich genannten Sammlern seinen besten Dank aussprechen, ganz besonders aber Herrn David Hafler, USA, und Herrn John Harbeson, USA, für ihre unermüdlichen Bemühungen. Die Reproduktion der Bilder erfolgte mit freundlicher Erlaubnis von Herrn Samuel Bronstein, USA; Herrn David Hafler, USA; Herrn John Harbeson, USA; Herrn Dr. Michael Langford, London; Frau Edith Liddell-Twiss, USA (aus der Liddell Collection); Herrn Russel M. Posner, USA; Herrn Dr. J. G. Wurfbain.
Dieser Dank gilt auch den Direktoren und Kuratoren folgender Museen und Häuser: British Museum, London; Salisbury and South Wiltshire Museum, Salisbury; Nationalmuseet, Kopenhagen; Statens Historiska Museum, Stockholm; Yorkshire Museum, Yorkshire, Ministry of Public Building and Works, London; Messrs Sprink & Son, London; Mssrs Wartski, London; und Messrs Faber & Faber für ihre liebenswürdige Unterstützung.
Besondere Anerkennung verdient Larry Fritz (von Fritz Creative Services), Merion Station, USA für sein Entgegenkommen und seine hervorragenden Aufnahmen.

Anmerkung zur deutschen Übersetzung

Der Autor folgt in seiner schachgeschichtlichen Einleitung und auch in den „Anmerkungen zu den Schachfiguren und ihren Namen“ – ohne es ausdrücklich zu sagen – der von *Duncan Forbes* in seiner „*History of Chess*“, London 1860, vorgetragenen Auffassung. Die heute überwiegende Mehrheit der schachgeschichtlichen Forscher hält die Hypothese von Forbes, das Schachspiel in der Form des *chaturanga* habe als Würfelvierschach ein Alter von mehreren tausend Jahren, für weder durch gesicherte Fakten belegbar noch durch spätere literarische Quellen erschließbar. Das Würfelvierschach ist nach dieser Meinung eine „gekünstelte Spielart des nachweislich viel früher bekannten normalen Zweischachs“, dessen Entstehung um die Mitte des sechsten nachchristlichen Jahrhunderts zu verzeichnen sei.
Diese Klarstellung mußte erfolgen, um zu zeigen, daß *chaturanga* und *shatranj* zwei verschiedene Namen für ein und dasselbe Spiel sind. Hinsichtlich der Einzelheiten der sehr kontroversen Auseinandersetzung um die Priorität des Zweischachs oder Vierschachs kann nur auf die recht umfangreiche Spezialliteratur verwiesen werden.

Gesamtherstellung: Druckerei Ernst Uhl, Radolfzell
Umschlag: Herbert Tausend, München

Printed in Germany
ISBN 3-88385-020-9

Inhaltsübersicht

ERSTES KAPITEL

Eine Kurzgeschichte des Schachs

Die Frage nach dem Ursprung, der Entwicklung und der Ausbreitung des Schachspiels über die Länder der Alten Welt hat Jahrhunderte lang die Phantasie der Schachspieler wie der Historiker erregt und beschäftigt. Seit William Caxton 1474 das berühmt gewordene (aus dem Französischen übersetzte) Buch *The Game and Playe of the Chesse* druckte, sind zahlreiche Bücher über dieses Thema geschrieben worden, und es ist eigentlich nicht verwunderlich, daß das Schachspiel den Ehrentitel „Königliches Spiel“ erhielt.

Kunsthandwerker in vielen Ländern erdachten und schufen für dieses Spiel wundervolle Figuren aus den verschiedensten Materialien, darunter Holz, Knochen, Elfenbein, Bernstein, Edelsteine, Gold, Silber, Messing, Kupfer, Eisen und Zinn. Auch die berühmtesten Keramik- und Porzellanmanufakturen fertigten entzückende Figurensätze. Doch bevor wir das Schachspiel als solches und die Schönheit der reizvollen Schachfiguren voll würdigen können, müssen wir wenigstens etwas über die Geschichte des Spiels und die Entwicklung seiner Figuren wissen.

In seiner ältesten Form war Schach ein Brettspiel für vier Spieler, von denen jeder über acht Figuren verfügte, und das auf einem Brett von 64 Feldern ohne abwechselnde Farben gespielt wurde. Die Ausgangsstellung der vier Figurensätze bei Spielbeginn zeigt Bild 3. Man benutzte teilweise andere Figuren als die heute üblichen: Der Turm war ein Elefant, der Springer ein Pferd, der Läufer ein Schiff (später ein Streitwagen), die Bauern waren Fußsoldaten. Der Platz des

2 Beim Schachspiel; Stich nach einem mittelalterlichen Gemälde

1 *(linke Seite)* Gemälde vom Grabmal der Königin Nefertari (um 1250 v. Chr.) zu Karnak: Die Königin beim Spiele *sen't*, einem Vorläufer des heutigen Damespiels

Läufers war das äußerste linke Feld im hinteren Glied, rechts davon stand der Springer, anschließend der Turm und ganz rechts der König. Die vier Bauern nahmen die vier Felder in der Reihe vor den Hauptfiguren ein. Jeder Spieler zog die Figuren seiner Farbe; die Farben waren Gelb, Grün, Rot und Schwarz.

Bei Beginn des Spiels bildeten die sich jeweils gegenüber stehenden Spieler eine Allianz: Die vier Spieler spielten also paarweise gegeneinander. Die Spielzüge wurden durch den Wurf eines Würfels mit vier Zahlen bestimmt: 2, 3, 4 und 5. Die Zahlen waren so angeordnet, daß jeweils 2 und 5 sowie 3 und 4 auf zwei Gegenflächen standen. Wurde eine 5 gewürfelt, mußte der König oder ein Bauer gezogen werden,

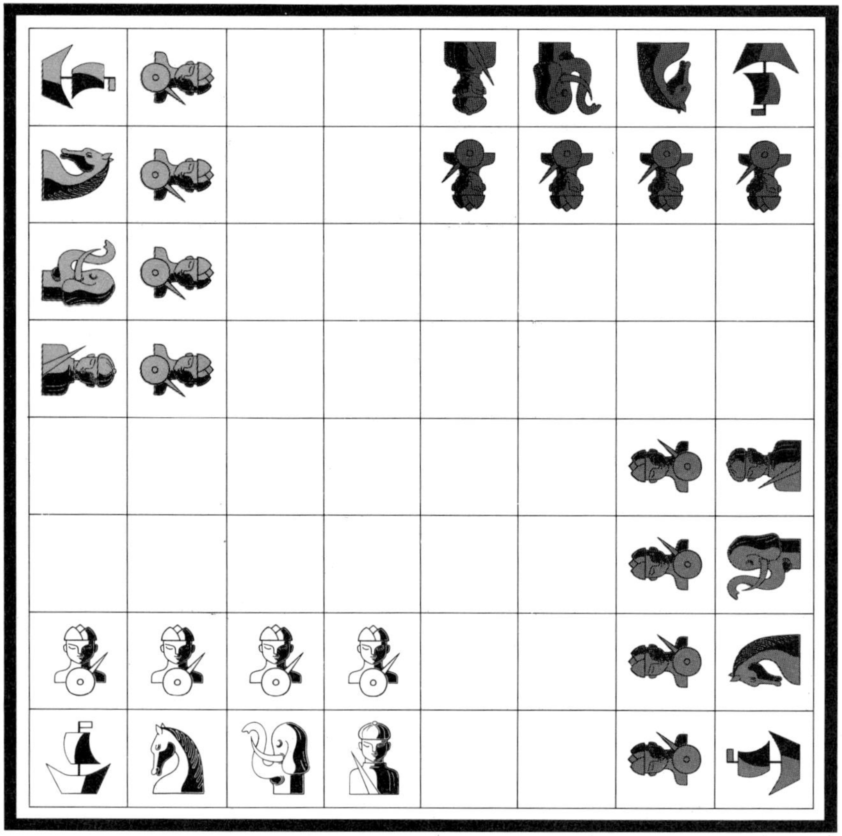

3 Schema eines Schachbretts mit Figuren in ihren Ausgangspositionen zu Beginn eines *chaturanga*-Spiels. Es ist dies die älteste Form des Schachspiels, an dem vier Spieler beteiligt waren

4 Das Schachspiel; Stich von Sofonisba Anguissola (1555)

bei einer 4 der Turm, bei einer 3 der Springer, bei einer 2 der Läufer. Der König konnte nicht rochieren, und der Bauer konnte beim ersten Zug nur ein Feld vorrücken. Abgesehen von diesen Abweichungen waren die Wirkungsmöglichkeiten und die Gangart der Figuren den heutigen sehr ähnlich.

Der König bewegte sich einen Schritt in jeder Richtung, der Turm, soweit der Weg frei war, in den vier Hauptrichtungen, der Springer über drei Felder in schräger Richtung und der Läufer über zwei Felder in der Diagonale, jedoch

5 *(rechte Seite)* Übersichtskarte der Ausbreitung des alten Schachspiels über die Länder der Alten Welt bis etwa 1200 n. Chr.

konnte der König wie jede andere Figur geschlagen werden. Wenn ein Spieler seinen König auf das Königsfeld des mit ihm verbündeten Spielers bringen konnte, schied dieser aus, und die verbündeten Figuren wurden nun von einem einzigen Spieler geführt. Diese Einheit des Kommandos und die Zusammenfassung der Streitkräfte gab dem verbliebenen Spieler ein ganz erhebliches Übergewicht über seine verbündeten Gegner und vergrößerte seine Chance, die getrennt geführten feindlichen Kräfte aufzureiben mit dem Ziel, ihre Könige zu schlagen und das Spiel zu gewinnen.

Es ist nicht Aufgabe dieser Darstellung, im einzelnen alle Gangarten und Regeln dieses alten, *chaturanga* genannten Hindu-Spiels zu beschreiben, dessen Ursprünge sich im Dunkel ferner Zeiten verlieren. Jedenfalls hatte es etwa dreieinhalbtausend Jahre, bis Anfang des 6. Jhs. v. Chr. Bestand, als die zweite (die mittlere) Periode des Spiels mit einschneidenden Änderungen und Verbesserungen begann. Das Schachbrett und die Wirkungsmöglichkeiten der Figuren blieben unangetastet, aber jedes der beiden Paare „verbündeter Streitkräfte“ wurde unter einer Führung zusammengefaßt. Diese beiden zusammengefaßten Figurenpaare wurden nun an den gegenüberliegenden Seiten des Schachbretts aufgestellt und von je einem Spieler geführt, der also bei Spieleröffnung 16 Figuren hatte. Von den zwei Königen jeder Partei wurde einer in einen Berater (oder Minister) umgewandelt, der nur noch die Hälfte seiner bisherigen Wirkungsmöglichkeit behielt: Er durfte nur um ein Feld in Diagonalrichtung um seinen König herum bewegt werden. Gleichzeitig tauschten Turm und Läufer ihre Plätze, und der Würfel verschwand.

Damit wurde das Spiel zu einer geistigen Auseinandersetzung und zu einer Angelegenheit scharfsinniger Kombinationen: Der Zufall war jetzt völlig ausgeschaltet. Jeder der beiden Spieler hatte nun folgende Figuren: einen König, einen Berater (oder Minister), zwei Läufer, zwei Türme und acht Bauern. Alle Figuren nahmen genau dieselben Positionen ein wie heute.

In dieser Form blieb das Schachspiel für 1000 Jahre un-

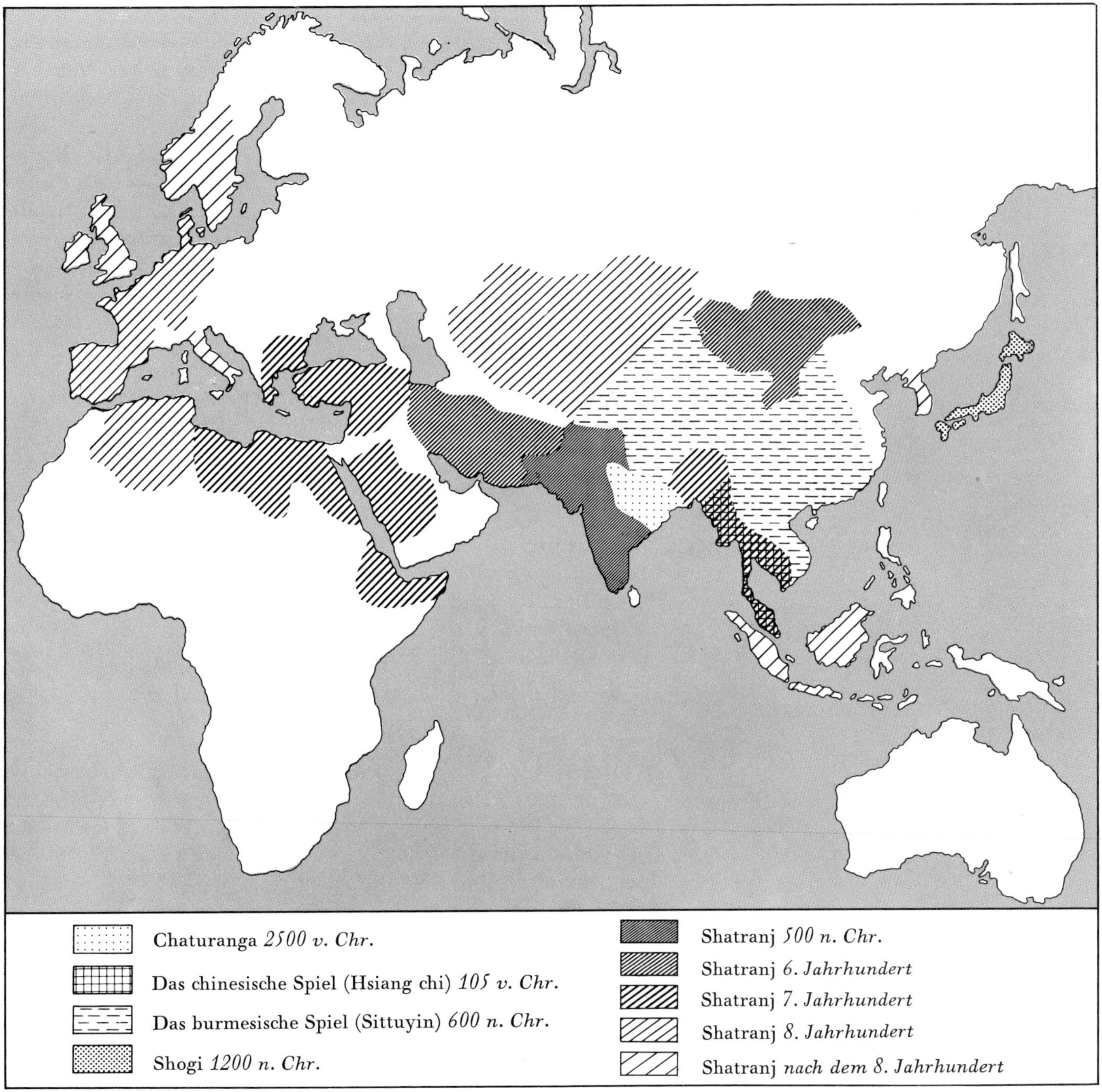

Chaturanga 2500 v. Chr.
Das chinesische Spiel (Hsiang chi) 105 v. Chr.
Das burmesische Spiel (Sittuyin) 600 n. Chr.
Shogi 1200 n. Chr.
Shatranj 500 n. Chr.
Shatranj 6. Jahrhundert
Shatranj 7. Jahrhundert
Shatranj 8. Jahrhundert
Shatranj nach dem 8. Jahrhundert

verändert. Die dritte (neuzeitliche) Periode beginnt mit dem Anfang des 16. Jhs. Damals traten einige bedeutsame Änderungen ein: In dem Berater (Minister) wurden die Wirkungsmöglichkeiten des Turms und des Läufers vereinigt, der Wirkungsbereich der Läufer wurde auf die ganze Diagonale ausgedehnt, statt auf bisher zwei Felder, die Bauern konnten beim ersten Zug nach Belieben ein oder zwei Felder vorrücken, und schließlich wurde die Rochade nach beiden Seiten eingeführt. Seit dieser Zeit wurde bis auf den heutigen Tag keine Spielregel mehr grundlegend geändert.

Im Laufe der Zeit breitete sich das *shatranj* genannte Schachspiel in der Form der mittleren Periode über ganz Indien und die angrenzenden Länder aus. Bild 5 gibt eine Übersicht des Vordringens dieses Spiels in die Länder der Alten Welt.

Zu Beginn des 6. Jhs. war das Spiel in ganz Indien bekannt. Um die Mitte dieses Jahrhunderts wurde es in Persien und Byzanz eingeführt und erreichte Medina und Mekka zu Beginn des 7. Jhs. Die Araber brachten das Spiel nach Syrien, dann weiter nach Nordafrika und entlang der nordafrikanischen Küste nach Westen. Dann kam das Spiel mit den Sarazenen in das maurische Spanien, breitete sich schnell über Westeuropa aus und erreichte England im frühen 10. Jh. Zu Beginn des 12. Jhs. war es mit den Anglo-Normannen bereits nach Irland gelangt.

Im Osten nahm das Spiel in der zweiten Hälfte des 6. Jhs. seinen Weg direkt aus Indien in die Mongolei und von dort in die Äußere Mongolei und nach Rußland. In Burma wurde im frühen 7. Jh. eine abgewandelte Form des Schachs der mittleren Periode gespielt, das sogenannte *sittuyin*. Auch hier hatte sich das Spiel von Indien aus verbreitet, war aber modifiziert worden.

Sumatra erhielt das Schachspiel in seiner Originalform von Indien, und so kam es auch nach Malaya, Java und Borneo. Obwohl die Chinesen den Anspruch erheben, das Schachspiel während des Hansing-Feldzugs um 105 v. Chr. erfunden zu haben, beweist eine eingehende Prüfung, daß ihr *hsiang chi* genanntes Spiel lediglich eine modifizierte Form des burmesischen Spiels, dieses selbst aber eine Variante des *shatranj* darstellt. Mit einiger Wahrscheinlichkeit also haben die Chinesen das Spiel von Indien via Tibet oder via Mongolei übernommen.

Shogi war der Name einer Variante des Schachspiels der mittleren Periode, die schon vor wenigstens 600 Jahren in Japan gespielt wurde. Wann dieses Spiel den Japanern bekannt geworden ist, kann mit letzter Sicherheit nicht festgestellt werden. Es besteht aber kaum ein Zweifel, daß es im 13. Jh. von Korea her zu ihnen kam.

Nur sehr wenige dekorative Schachfiguren aus der Zeit vor Beginn des 8. Jhs. sind bekannt geworden; diese erhaltenen Figuren befinden sich heute in Museen und Staatssammlungen. Hin und wieder werden wir diese wichtigen Figuren auf den folgenden Seiten erwähnen, in der Hauptsache wollen wir uns aber mit Schachfiguren befassen, die vielleicht einmal von einem aufmerksamen Sammler entdeckt werden können. Die überwiegende Mehrheit der zahlreichen schönen Schachspiele entstand nach Beginn des 8. Jhs., und Spiele, die als „traditionelle" Spiele bekannt wurden, datieren zumeist noch später.

6 Französische Kupferplatte aus dem frühen 19. Jh. Die Darstellung zeigt eine Gruppe von Schachspielern und Zuschauern

ZWEITES KAPITEL

Europäische Schachfiguren

In verschiedenen europäischen Ländern entstanden schon relativ früh einige schöne und sehr eindrucksvolle Schachspiele, die überwiegende Mehrzahl dieser kunstvoll gearbeiteten Figuren wurde aber erst nach Beginn des 18. Jhs. geschaffen. Die „Lewis"-Schachfiguren im British Museum und im Museum of Antiquities in Edinburgh sind als die ältesten europäischen Stücke verbürgt, aber es gibt in vielen Museen der Welt wenigstens ein paar sehr alte Figuren. Das größte und meistumstrittene Einzelstück ist der „König Karl der Große" in der Bibliothèque Nationale in Paris. Diese massive Elfenbeinschnitzerei stellt einen orientalischen Potentaten auf einem mächtigen Elefanten dar, der umgeben ist von einer Schar Reiter, die als Stützen dienen. Verschiedene Experten und Schriftsteller schreiben diese Figur verschiedenen Zeiten zu – vom 8. bis zum 17. Jh., und einige halten sie überhaupt nicht für eine Schachfigur. Eine arabische Kufi-Inschrift auf der Figur besagt, daß Yúsuf al-Bahalís sie geschaffen hat.

Wie schon erwähnt, zählen die als „Lewis-Schachfiguren" bekannten Stücke zu den interessantesten und bedeutendsten aller alten Figuren. Es gibt deren insgesamt 78, davon 67 im British Museum, die restlichen 11 im National Museum zu Edinburgh. Diese Stücke wurden 1831 in einer unterirdischen Kammer an der Westküste der Insel Lewis gefunden. Über ihre Herkunft weiß man nichts Sicheres. Sie werden sowohl Schottland wie Skandinavien zugeschrieben, da das Kunstschaffen beider Länder zu jener Zeit starke Ähnlich-

8 König des 12. Jhs., in England aus Walroß-Elfenbein geschnitzt (vermutlich die älteste bisher bekannte authentisch englische Schachfigur)

7 *(linke Seite)* Fünf Lewis-Schachfiguren: König, Königin (Dame), Springer, Bischof (Läufer) und Turm. Sie stammen aus dem 11. oder 12. Jh. und sind aus Walroß-Elfenbein geschnitzt

9 *(oben und unten)* Fünf mittelalterliche Elfenbein-Schachfiguren aus Schweden

keit aufwies. Als Entstehungszeit gilt allgemein das 12 Jh., es könnte aber auch das 11. sein. Die fünf Figuren in Bild 7 sind aus Walroßzahn geschnitzt und stellen einen König, eine Dame (Königin), einen Springer (Ritter) und einen Läufer (Bischof) dar.

Fünf mittelalterliche Schachfiguren sind im Statens Historiska Museum in Stockholm zu sehen [Bild 9]. Die Figur an der linken Seite ist ein Turm aus Elfenbein, ein Fund von den Åland-Inseln; die nächste stellt einen Springer aus dem 13. Jh. dar, eine grobe Schnitzarbeit aus Walroßzahn, die in Schloß Kalmar in Småland gefunden wurde. Neben dem Springer steht ein Läufer (Bischof) aus Walroßzahn, 13. Jh., Fundort Schloß Stegeborg in Östergötland, daneben eine Dame (Königin) aus Wahlroßzahn, 13. Jh., aus Västergötland, und schließlich ein Turm aus Walroßzahn, 13. Jh., der in Stockholm gefunden wurde. Möglicherweise gehörten die Dame und der Läufer einst zu demselben Spiel, die drei anderen stammen aus verschiedenen Figurensätzen.

Mit Ausnahme der „Lewis"- und verwandter Figuren hatten Könige und Damen (Königinnen) der ältesten europäischen Spiele eine roh konturierte, thronähnliche Form, die Läufer (Bischöfe) hatten zylindrische Gestalt mit zwei nach beiden Seiten abgekrümmten Hörnern, die Springer waren ähnlich geformt, hatten jedoch statt der beiden Hörner einen pferdekopfähnlichen Vorsprung. Die Türme waren fast blockförmig, manchmal nach oben leicht verjüngt, mit Einschnitten im oberen Rand. Die Bauern wurden durch einfache Stücke von Knopf- oder Kegelform, oft mit einem kleinen Kugelkopf, dargestellt. Leider sind einzelne Figuren solcher Spiele selten, doch befindet sich in der Kirche von Ager, nahe Urgel in Katalonien, ein unvollständiger Satz, und das Bischöfliche Diözesanmuseum in Osnabrück besitzt 15 Figuren.

In England haben sich nur wenige mittelalterliche Figuren erhalten; eine davon, ein wundervoller König aus dem 12. Jh. [Bild 8], befindet sich im Salisbury and South Wiltshire Museum. Dieser aus Walroßzahn geschnitzte König ist wahrscheinlich die älteste bekannte englische Figur. Sie hat eine ganz ungewöhnliche grünlich-graue Färbung, die vermutlich auf ihre lange Lagerung in der Erde zurückzuführen ist.

Zu den schönsten alten Schachfiguren überhaupt gehören zweifellos in Silber gefaßte Halbedelsteinfiguren, wie die St.-Louis-Figuren des Museums von Cluny aus dem 14. Jh. Trotz ihres geringeren künstlerischen Wertes sind die für den allgemeinen Gebrauch hergestellten kleinen Figuren des 15. Jhs. höchst interessant und sehr aufschlußreich für die Entwicklung der Formen. Seit der Mitte des 15. Jhs. etwa sind die Schachfiguren, mit denen man im allgemeinen spielte, oft sehr schlicht, und diese Schlichtheit der Form wurde, mit wenigen Modifizierungen, vier Jahrhunderte lang beibehalten.

FRANKREICH

Jahrhunderte lang hatten die französischen Künstler die Führung auf fast allen Gebieten der Kunst: Diese Gipfelstellung lassen auch die alten französischen Schachfiguren unübersehbar erkennen. Die schönsten Stücke halten den Vergleich mit jeder Figur aus, die in irgendeinem Lande von Meisterhand geschaffen wurde. Sie haben eine ganz individuelle Note, sind wundervoll ausgewogen, vollendet geschnitzt oder gedrechselt, und im gegenseitigen Größenverhältnis wie im Charakter drückt sich die Verwandtschaft zusammengehöriger Figuren eines Spiels unverkennbar aus. Sie sind außergewöhnlich durch ihre große Schönheit und Einfachheit. Doch auch anspruchslose Figuren für das tägliche Spiel waren gut gestaltet und vollendet gearbeitet.

Bei Kunsthandwerkern aller Länder zeigt sich immer wieder eine besondere Vorliebe für bestimmte Gegenden, wo sie sich in kleinen, exklusiven Kolonien niederlassen. In Frankreich wirkte der Großteil der Drechsler und Schnitzer in Paris oder Dieppe, doch gab es Hunderte von kleinen selbständigen Elfenbein-Werkstätten, die über das ganze Land verstreut waren. Diese kleinen Werkstätten fertigten Schachfiguren auf kommerzieller Basis und waren darin ihren englischen Kollegen weit voraus, für die die Massenfertigung von Figuren höchstens eine Nebenbeschäftigung war.

Afrikanisches Elfenbein, getrocknete Knochen und die

10 Figuren eines französischen Schachspiels aus der Mitte des 18. Jhs. Das Spiel wurde in oder um Dieppe aus Bein geschnitzt

11 *(oben und unten)* Großartige französische Schachfiguren, aus afrikanischem Elfenbein geschnitzt; Dieppe, etwa Mitte des 18. Jhs.

verschiedensten Holzsorten dienten den französischen Figurenschnitzern als Material. Einer der schönsten Schachspieltypen aus Bein entstand um die Mitte des 18. Jhs. in oder um Dieppe. Diese seltsamen und reizvollen Figuren haben in verschiedenen Spielen zwar verschiedene Größen, sind sich aber im wesentlichen ähnlich [Bild 10]. Die Läufer (Bischöfe) tragen Filz- oder Lederhüte mit Seidenfransen, die Springer (Ritter) sind als Pferdeköpfe mit Delphinschwänzen dargestellt. Alle Offiziere eines Spiels sind farbig ausgeführt und mit Silber verziert. Die Schäfte und Füße der Bauern einer Partei sind blaßrosa oder rot, und das vollständige Spiel ist in einem passenden Lederkasten mit Schachbrett untergebracht. Eine noch bessere Ausführung dieses Spiels hat büstenförmige Bauern mit abnehmbaren Lederhüten.

Die Figuren einiger ähnlicher Spiele des 18. Jhs. sind aus afrikanischem Elfenbein geschnitzt; wie Tafel I zeigt, haben sie eine auffällige Ähnlichkeit mit den Figuren in Bild 10. Beide Typen sind nur sparsam koloriert, und in beiden Spielen gleichen sich die beiden Parteien vollständig – bis auf die Unterscheidungsfarben. Die Figuren in Tafel I finden sich bisweilen auch in Bein, doch ist die Ausführung immer die gleiche. Zweifellos entstanden sie alle in derselben Handwerkerschule in und um Dieppe. In Bild 11 sind besonders prächtige Figuren eines Schachspiels aus dem 18. Jh. dargestellt. Sie sind aus afrikanischem Elfenbein geschnitzt, was für Dieppe-Figuren dieses Typs selten ist.

Als ein Beispiel für die lebendige Phantasie der französischen Handwerker des 18. Jhs. kann das ausnehmend schöne Dieppe-Schachspiel in Bild 12 gelten. Aus afrikanischem Elfenbein geschnitzt, stellen die Figuren Franzosen und Afrikaner dar. Bemerkenswert der hochmütige Gesichtsausdruck der weißen (französischen) Läufer und die halbverborgene Pfeife, die sie umfassen. Die Springer sind als Steckenpferde mit Reitern dargestellt, und jeder weiße Bauer trägt einen Lorbeerkranz im Haar. Die (afrikanischen) Gegenfiguren haben platte Nasen, wulstige Lippen und wolliges Haar. Als ob sie Verrat witterten, werfen die schwarzen Läufer einen nervösen Blick rückwärts über die Schulter. Bei eingehender Betrachtung dieser Figuren wird klar, daß Schachfiguren dieses Typs eine politische und religiöse Persiflage darstellen.

Neben diesen Figuren aus Knochen und Elfenbein gab es zahlreiche exzellente Schachspiele, die aus Harthölzern geschnitzt waren [Bild 14]. Bemerkenswert sind hier die gespaltenen Köpfe der Läufer; sie treten seit Mitte des 16. Jhs. auf und finden sich bis zum Ende des 18. Jhs. Nach diesen Grundtypen wurden im 18. und 19. Jh. in ganz Europa zahlreiche Versionen angefertigt, doch war die Mehrzahl von ganz geringer Qualität – es waren einfache Figuren für das tägliche Spiel.

Französische Edelleute des 18. Jhs. vertrieben sich während langer und anstrengender Fahrten im Reisewagen oft die Zeit mit dem Schachspiel. Das dauernde Rütteln machte

12 Figuren aus afrikanischem Elfenbein; Dieppe, Ende des 18. Jhs.

13 Sechs Figuren eines französischen „Polster"-Schachspiels aus dem 18. Jh.

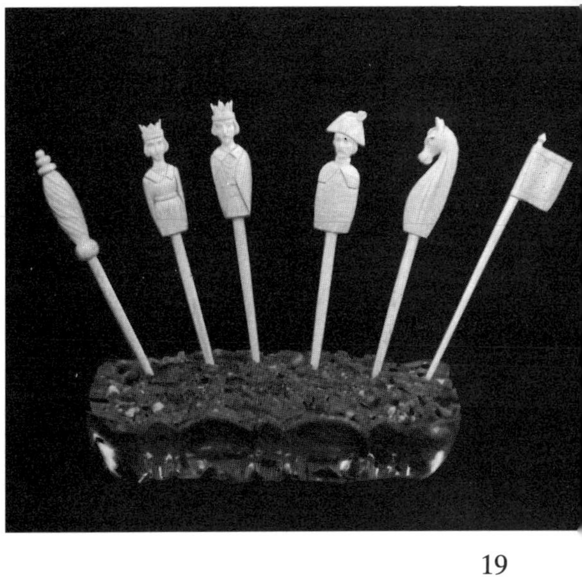

14 Französische Hartholz-Figuren aus dem 18. Jh., darunter ein Läufer mit gespaltenem Kopf, wie er seit Anfang des 16. Jhs. gebräuchlich war

den Gebrauch normaler Figuren und Bretter unmöglich, und so bürgerten sich bald gepolsterte Bretter mit Steckfiguren ein. Auf das Polster waren Quadrate in Form eines Schachbretts aufgestickt, und die Schachfiguren endeten in spitz zulaufenden Stäbchen. Figuren eines solchen Spiels – übrigens eine wundervolle Schnitzarbeit in afrikanischem Elfenbein – zeigt Bild 13. So schön und fein gearbeitete Stücke wie diese darf man nicht mit ähnlichen, doch ziemlich roh aus Knochen oder Elfenbein geschnitzten Figuren verwechseln, die lediglich für das Spiel auf einem in Sand gezeichneten „Schachbrett" bestimmt waren. Spiele am Strand waren damals in Frankreich große Mode, und so waren zahlreiche Steck-Schachspiele in Gebrauch.

In der zweiten Hälfte des 18. Jhs. wurden entzückende kleine Schachfiguren aus afrikanischem Elfenbein gearbeitet, die kunstvoll geschnitzt und liebevoll mit bunten Farben verziert waren, aber offenbar für kommerzielle Zwecke hergestellt wurden [Tafel II]. Ähnliche Spiele mit gewölbten Türmen und kleineren Bauern entstanden auch in Deutschland, und zwar in der ersten Hälfte des 19. Jhs. Sie waren durchweg nicht bemalt.

Bild 15 zeigt Figuren eines Typs, wie er vor mindestens 200 Jahren aus Elfenbein, Hartholz oder Knochen hergestellt wurde. Diese Figuren sind ausschließlich französischen Ursprungs, und die Läufer haben Narrenköpfe (in Frankreich führt der Läufer die Bezeichnung *fou* = Narr). Das hier dargestellte Spiel ist das schönste dieser Sonderart, es ist hervorragend gedrechselt und geschnitzt und von vollendeter Oberflächenbearbeitung. Billigere Spiele dieses Typs wurden für den täglichen Gebrauch oder den Export hergestellt. Als Material wurden Weichhölzer verwendet, weshalb diese Spiele den hohen Grad der Oberflächenbearbeitung vermissen lassen, der bei Hartholz möglich ist.

Prächtige Schachfiguren, die das Ringen zwischen England und Frankreich am Ende des 18. Jhs. zum Thema haben, entstanden in Paris und Dieppe in der ersten Hälfte des 19. Jhs. Die in Tafel III gezeigten Stücke wurden in Dieppe aus Elfenbein geschnitzt und sind durchweg farbig angelegt: Napoleon und Josephine als König und Königin der Franzosen, die Marschälle Ney und Massena als Läufer. Die Springer sind französische Dragoner, die Bauern Soldaten von Napoleons alter Garde. König und Königin der Gegenseite sind als Georg III. und Charlotte porträtiert, Lord Nelson und der Herzog von Wellington sind die Läufer, britische Dragoner die Springer und britische Grenadiere die Bauern.

Viele Jahre stand dieses Schachspiel auf dem Schachtisch im Café de la Régence in Paris, auf dem Napoleon manche Partie spielte. Der Tisch existiert noch und wird mit großer Pietät aufbewahrt. Er trägt die Inschrift: *Table sur laquelle Bonaparte le Consul jouait aux échecs au Café de la Régence en 1798*. Über Napoleons draufgängerische Art des Schachspiels gibt es zahlreiche Geschichten. Bedenkt man seine außergewöhnlichen Geistesgaben auf anderen Gebieten, so muß man zu dem Schluß kommen, daß er kein nur mittelmäßiger Schachspieler war. Diese einzigartigen Schachfiguren sollen dem Kaiser selbst gehört haben.

Ungeachtet des Anachronismus sind Napoleon und Henry IV. in einigen Schachspielen vom Büsten-Typ aus den Werkstätten in und um Paris als gegnerische Könige dargestellt [Bild 17]. Kraftvoll, aber sehr schön aus afrikanischem Elfenbein geschnitzt – die Figuren der einen Seite sind karmesinrot gefärbt – wurden dieses und zahlreiche ähnliche Spiele in der ersten Hälfte des 19. Jhs. als Handelsware hergestellt.

Das Thema eines anderen, ähnlichen Spiels ist die Schlacht von Waterloo mit Napoleon als rotem König und Josephine als Dame. Die Marschälle Berthier und Massena figurieren als Läufer, Napoleons alte Garde als Bauern und feurige Offizierspferde als Springer. Ihnen gegenüber stehen der Herzog von Wellington als weißer König und die Herzogin als Dame, Lord Liverpool und Lord Castlereagh als Läufer und britische Grenadiere als Bauern.

Die große Vielseitigkeit und die fruchtbare Phantasie der französischen Handwerker des 19. Jhs. werden bei der Betrachtung der Spiele auf Tafel IV, Bild 16 und Tafel V deutlich. Im erstgenannten ist Ludwig XIV. als König dargestellt, Thema des zweiten ist der Kanadische Feldzug 1759/60, mit nordamerikanischen Indianern als Springern und Bauern

15 Französische Elfenbein- bzw. Hartholz-Figuren des frühen 19. Jhs., zu denen auch „Narrenköpfe“ gehören

16 Schachfiguren des frühen 19. Jhs., die in Paris aus afrikanischem Elfenbein geschnitzt und farbig bemalt wurden

17 *(oben und unten)* In den beiden gegnerischen Königen dieses französischen Spiels vom Büsten-Typ aus afrikanischem Elfenbein sind Napoleon und Henry IV. porträtiert – eine trotz des Anachronismus häufige Kombination in Spielen des 19. Jhs.

(Darstellungen von nordamerikanischen Indianern finden sich selten in Schachspielen von guter Herkunft), und in dem dritten sind altägyptische Sagen verkörpert. Solche meisterhaft geschnitzten und vollendet bemalten Schachspiele wurden in Paris und Dieppe aus afrikanischem Elfenbein hergestellt. Andere, ähnlich spektakuläre Spiele stellen Schlachtenszenen oder historische Ereignisse dar, und oft porträtieren sie Personen der deutschen, englischen, französischen und holländischen Herrscherhäuser. Alle diese Spiele wurden von zwei kleinen Handwerkerschulen ausgeführt.

Silber wurde in Frankreich nur selten als Material für Schachspiele verwendet. Die Herstellung war kostspielig und die Nachfrage nur gering. Figuren aus einem der wenigen bekannten Silber-Schachspiele zeigt Bild 18. Jedes Stück trägt die Pariser Silbermarke von 1819. Der ganze Satz ist wundervoll ziseliert, die Figuren der einen Seite sind vergoldet. Sicher wurden noch weitere silberne Schachspiele in Frankreich gearbeitet, aber sie sind schwer ausfindig zu machen, auch tragen zweifelhafte Stücke keine Marke.

Im frühen 19. Jh. produzierten die alten Manufakturen in Rouen eine Anzahl äußerst attraktiver Fayence-Schachspiele vom Typ „St. George“ mit dazu passenden Schachbrettern. Sie waren hervorragend getöpfert, mit leuchtenden Farben bemalt und alle stark glasiert. In dem aufgemalten Arabeskenmuster wiederholt sich immer wieder das Lilienwappen, und die roten, gelben, blauen, grünen Farben mischen sich zu vollkommener Harmonie [Tafel VI]. Schachspiele vom St.-George-Typ wurden mehr als 200 Jahre lang in ganz Europa hergestellt und verwendet. Die Figuren hatten eine einfache Form, waren leicht zu drechseln, und selbst billiges Holz konnte für diese robusten Formen verwendet werden. Bis der St.-George-Typ um die Mitte des 19. Jhs. durch die Staunton-Figuren verdrängt wurde, waren diese Figuren bei den Spielern wohl die beliebtesten. Ein entzückendes, modernes Spiel ganz aus Muscheln zeigt Tafel VII. Es illustriert die große Vielfalt des Materials, aus dem Schachfiguren gearbeitet wurden. Und wie die Kunsthandwerker Jahrhunderte lang aus allen nur möglichen Substanzen ihre Schachfiguren formten, so hat auch heute die Suche nach immer neuen Stoffen, wozu selbst rostfreier Stahl und Kunststoffe gehören, nicht aufgehört.

ENGLAND

In England wurden schöne geschnitzte Schachspiele – abgesehen von einigen wenigen, die besonders in Auftrag gegeben wurden – bis um die Mitte des 19. Jhs. nicht hergestellt. Allerdings wurden gedrechselte Figuren seit Anfang des Jahrhunderts in Mengen produziert. In England lagen die Verhältnisse ganz anders als in Frankreich, wo Schachspiele als Handelsware für den Export nach England gefertigt wurden, die für die englische Nachfrage ausreichten. Das hatte zur Folge, daß in England die Herstellung von Schachfiguren lediglich als Nebenerwerb betrieben wurde. Die Masse der englischen Drechslerarbeiten wurde auf Stücklohnbasis von selbständigen Drechslern ausgeführt, die sich in kleinen Werkstätten um London und Birmingham redlich plagen mußten. Wenn es verlangt wurde, stellten sie ein vielseitiges Sortiment für den Elfenbeinhandel her. Das Gravieren oder, wie es damals hieß, Ziselieren von Elfenbein wurde zu einem besonderen Handwerkszweig, der fast ausschließlich in und um Sheffield beheimatet war.

Um ihre Waren als Erzeugnisse englischer Handwerksbetriebe zu kennzeichnen, versahen viele Firmen des Elfenbeinhandels sie mit ihren Firmennamen. Führende Häuser wie Calvert, Lund, Pringle und Toy ließen Namen und Wohnsitz in die Füße der Schachfiguren eingravieren. Das hohe Niveau der englischen Ziseleure des 19. Jhs. kann aus der Qualität dieser Gravierungen abgelesen werden.

Eine große Anzahl verschiedener Typen englischer Schachspiele erschien während der ersten Hälfte des 19. Jhs. Die Abwandlungen dieser Grundtypen waren Legion, und das ist nicht gerade überraschend, da das Drechseln von Schachfiguren, wie schon erwähnt, lediglich ein Nebenerwerb der englischen Drechsler war, die nicht nach festen Standardtypen arbeiteten. Da gab es das Old-English-Barlycorn-Spiel, so genannt nach den eingravierten und eingeschnittenen Getreideblättern und -hülsen auf den Offiziersfiguren [Bild 19], weiter die Uprights, ein einst in Nord-

18 Zwei Figuren aus einem seltenen französischen Silber-Schachspiel; sie tragen die Pariser Silbermarke von 1819

england sehr beliebter Figurentyp, und das unzutreffend benannte Maltese-Spiel. Einige prächtige Spiele tragen den Namen von Messrs Calvert in der Fleet Street in London [Bild 23].

Reizvolle gedrechselte Figuren stellte die Firma Toy Bros her. Sie wirken etwas plump, aber gut ausgewogen; sie sind, obwohl dekorativ, nicht überladen verziert. Die schönsten englischen Schachspiele des 19. Jhs. kamen aus der Werkstatt von Charles Hastilow [Bild 22]. Eins seiner besten Schachspiele wurde mit dem dazu passenden Brett in der Großen Ausstellung von 1851 gezeigt.

Die englische Keramik und ganz besonders die Töpferei leistete Vorzügliches. Josiah Wedgwood, der Meister aller Töpfer, produzierte nach den Modellen von John Flaxman gegen Ende des 18. Jhs. außergewöhnliche Schachspiele, die in Sammlerkreisen zu den begehrtesten Töpferei-Figuren gehören. Diese Figuren wurden in dem Etruria-Werk, etwa zwei Meilen von Burslem, Staffordshire, entfernt, hergestellt. Die ersten Stücke wurden im November 1763 gebrannt. Anfangs wurden drei verschiedene Könige und ebenso drei Damen gemacht, es gab zwei Läufertypen, jedoch nur jeweils einen Turm- und Springertyp. Charles Kemble, der Bruder von Sarah Siddons, der größten Tragödin ihrer Zeit, saß Modell für die Könige, Sarah Siddons selbst für die Damen. Einer der Läufertypen war eine Bischofsfigur mit Mitra und erhobenem Arm, der andere ein Narr oder (französisch) *fou*. Die Narren als Läuferfiguren waren für Exportspiele nach Frankreich bestimmt. Die Türme hatten die Form viereckiger, leicht nach oben verjüngter Burgtürme mit aufgesetzten kleinen Türmchen. Vollständige Sätze dieser Art sind wundervoll durchgeformt, vollendet ausgewogen und sehr fein bearbeitet.

Ungeachtet ihres Wertes und ihrer Schönheit verdient es besonderer Erwähnung, daß Wedgwoods Schachfiguren die ersten Porträtfiguren aus Töpferware darstellen. Leider haben sich nur wenige der Originalspiele erhalten, doch wurden 1926 die Originalformen wiedergefunden und nach Instandsetzung erneut zur Herstellung ähnlich schöner Schachfiguren verwendet.

I *(rechte Seite oben)* Die Figuren einer Spielpartei eines Schachspiels aus afrikanischem Elfenbein, das 1750 in Dieppe angefertigt wurde

II *(rechte Seite unten)* Eins der meisterhaft geschnitzten und bemalten Schachspiele aus afrikanischem Elfenbein, wie sie in Frankreich in der zweiten Hälfte des 18. Jhs. auf gewerblicher Grundlage produziert wurden

Die älteste Firmenmarke ist das bekannte WEDGWOOD, zuweilen als Initialen. Oft sind auch die Modellnummern Flaxmans in die Steingutmasse eingeritzt. Eine bunte Palette reizvoller Farben wurde für die älteren Figuren verwendet, Mauve, Hellbraun, Blau, Grün, Lederbraun und Weiß. Gelegentlich waren die Figuren der einen Partei überher einfarbig, manchmal wurden aber auch die beiden Farben eines vollständigen Spiels mit weißen Füßen versehen. Gewöhnlich aber waren die eigentlichen Figuren des ganzen Spiels weiß, während ihre Füße verschiedene Farben aufwiesen (für jede Seite eine). Bei einigen der ganz frühen Spiele wurden zur Unterscheidung der Parteien Standplatten aus Buchs- oder Ebenholz angebracht.

Die kleine Castleford-Töpferei in der Umgebung von Leeds produzierte Anfang des 19. Jhs. in großen Mengen Schachspiele mit kleinen Soldatenfiguren. Sie stellten hübsche Töpferware dar, waren aber in der Oberflächenbearbeitung nicht allzu gut. Die Farben der Figuren waren Creme und Braun, Creme und Grün, Creme und Schwarz, Creme und Blau.

Auf dem Gut des Marquis von Rockingham zu Swinton, bei Rotherham, Yorkshire, wurde 1757 eine kleine Töpferei eingerichtet. Im Yorkshire-Museum befinden sich einige Einzelfiguren, die Swinton zugeschrieben worden sind, doch gibt es wegen ihrer Herkunft beträchtliche Zweifel. Von den nur sechs Stücken hat keines eine Firmenmarke, und so wird ihr wahrer Ursprung wohl ungewiß bleiben, bis sich andere Figuren eines ähnlichen Spiels finden. Bis dahin ist die Annahme berechtigt, daß diese Figuren nicht von Swinton stammen, sondern von Derby oder Staffordshire [Bild 24].

Schon bald nach Beginn des 19. Jhs. ging die Töpferei in den Besitz von John und William Brameld über. Sie erwei-

III *(nächste Seite)* König und Königin (Napoleon und Josephine) eines aus afrikanischem Elfenbein geschnitzten französischen Schachspiels des 19. Jhs.

IV *(übernächste Seite)* Figuren eines französischen Spiels aus afrikanischem Elfenbein mit Ludwig XIV. als König; frühes 19. Jh.

(linke Seite)
19, 20, 21, 22 Figuren von vier Schachspielen aus England, frühes 19. Jh. *(von oben nach unten)* „Barlycorn“-Figuren aus Bein; „Uprights“, aus Bein gedrechselt; gedrechselte Figuren aus afrikanischem Elfenbein (dieser Typ wurde oft unzutreffend als „Maltese“ bezeichnet); Elfenbeinfiguren von Charles Hastilow

23 Elfenbein-Schachfiguren aus dem 19. Jh. Sie wurden von der Firma Messrs Calvert, Fleet Street, London, auf den Markt gebracht

24 *(oben und unten)* Einzigartige englische Keramik-Schachfiguren, wahrscheinlich aus Derby oder Staffordshire, die jetzt im Yorkshire Museum zu sehen sind

terten die Fabrik, und nun wurde nur noch Keramikware von höchster Qualität hergestellt. Um 1820 entstanden einige wenige entzückende Schachspiele aus Porzellan, die den Vergleich mit den besten Porzellanfiguren jeder anderen Manufaktur bestehen können. Diese Figuren ähneln stark den frühen Meißener Stücken, ohne aber sklavische Kopien zu sein. Die Ähnlichkeit besteht in der Form, doch waren sie mit einem exklusiven Apfelgrün und Immergrünblau bemalt.

Im letzten Viertel des 19. Jhs. schuf der bekannte Keramik-Musterzeichner George Tinworth während seiner Tätigkeit in dem großen Doulton-Werk einige sehr interessante Schachspiele. Alle Figuren hatten die Gestalt einer Maus, die Farbe der einen Seite war Tiefbraun, die der anderen ein helles Strohgelb oder ein braunähnliches Gelb. Auf einigen Mäusen ist Tinworths Monogramm auf der Rückseite eingedrückt. Die Figuren hatten eine sehr starke Glasur. Sie wurden in geringerer Zahl hergestellt und sind heute nur sehr schwer aufzutreiben.

Das wohl reizvollste Keramik-Schachspiel stammt aus der berühmten Minton-Fabrik in Stoke-on-Trent. Diese hübschen Figuren wurden aus Parian-Porzellan hergestellt. Einige Spiele sind ganz natürlich koloriert und mit Gold abgesetzt [Tafel IX], andere Spiele ähnlicher Art wurden einfarbig behandelt und blieben unglasiert. Solche unglasierten Spiele finden sich in den Farben Rot und Grün, Weiß und Blau oder Weiß und Schokoladenbraun. Einige Spiele sind unmarkiert, andere wieder tragen die Firmenmarke (Minton). Ihr genaues Herstellungsdatum ist nicht bekannt, da aber Parian-Porzellan erst 1842 aufkam, sind sie wahrscheinlich erst in der zweiten Jahrhunderthälfte entstanden.

Englische Schachspiele aus Silber sind höchst selten: Sie wurden nie als Handelsware produziert. Vor 1800 ist nicht ein einziges entstanden, und später wurden die wenigen Spiele nur auf besonderen Auftrag oder als Musterstücke für das Silberschmiede-Handwerk gearbeitet. Bild 25 zeigt ein solches Spiel von E. Fennel mit der englischen Silbermarke von 1815. Die Figuren beider Seiten sind gleich, doch sind die der einen goldplattiert.

Nichts hat im Laufe ihrer Geschichte einen solchen Einfluß auf die Schachspielentwürfe ausgeübt wie das Aufkommen der englischen Staunton-Schachfiguren. Der Entwurf des Staunton-Schachspiels stammt von Nathaniel Cook (1835). Es war die Zeit, da die Schachspieler nicht mehr mit den Figuren eines anderen spielen wollten, weil es zu schwierig war, die verschiedenartigen Figuren der englischen, Dublin- und Edinburgh-Schachspiele zu unterscheiden. Um Verwechslungen während des Spiels unmöglich zu machen, verwendete der Musterzeichner die Symbole in ihrer einfachsten Form: für den König eine Krone, für die Dame eine Adelskrone, für den Läufer (Bischof) eine Mitra, für den Springer einen Pferdekopf, für den Turm einen Burgturm und für den Bauern eine Kugel. Jedes dieser Symbole wurde von einem schlichten, gefälligen Schaft getragen, der von einem schweren breiten Sockel aufstieg, der die Standfestigkeit gewährleistete. Dieser Entwurf beeindruckte John Jaques, den Chef der berühmten nach ihm benannten Manufaktur, so sehr, daß er sich entschloß, die Massenanfertigung dieser Figuren unverzüglich aufzunehmen.

Der Musterzeichner war ein Freund des englischen Meisterspielers Howard Staunton, der den Namen „Staunton-Schachfiguren“ genehmigte. John Jaques erwarb das Vervielfältigungsrecht für dieses Muster und begann in seiner Fabrik in der Leather Lane in London mit der Produktion der Staunton-Schachfiguren, die bis zum Zweiten Weltkrieg lief. Ein einzigartiges Foto der Original-Staunton-Figuren aus dem ersten Musterkatalog ist mit Erlaubnis des jetzigen Firmenchefs John Jaques in Bild 26 wiedergegeben. Leider wurde das Musterbuch durch Feuer stark beschädigt, doch sind die wesentlichen Einzelheiten klar zu erkennen.

Viele tausend Staunton-Schachspiele wurden im Laufe der Zeit hergestellt, aus Holz sowohl wie aus Elfenbein. Die Holzfiguren wurden aus Ebenholz oder Buchsbaum gedrechselt und waren sehr gewichtig. Für die Elfenbeinfiguren wurde nur bestes afrikanisches Elfenbein verwendet. Beide Sorten erschienen in verschiedenen Größen, doch war für das gewöhnliche Spiel die Größe von $3^1/_2$ inch am beliebtesten. Für Wettkämpfe und Turniere dagegen bevorzugte man die $4^1/_2$-inch-Größe.

25 Silber-Schachfiguren von dem englischen Musterzeichner E. Fennel (1815)

V *(nächste Seite)* Figuren eines französischen Spiels aus afrikanischem Elfenbein, das um die Mitte des 19. Jhs. geschnitzt wurde

V

26, 27 Die Originalentwürfe der englischen Staunton-Schachfiguren. Sie stammen aus dem ersten Musterbuch und wurden bei der Herstellung der Staunton-Figuren genau befolgt *(oben)*

Auch im heutigen Schachspiel stehen die Staunton-Figuren noch obenan. Als Typ sind sie unerreicht, ja sie sind im Laufe der Zeit zu einem absoluten Standardtyp geworden. Jede Figur hat eine direkte Beziehung zu ihrem Namen; die Türme und Springer der Königsseite sind mit kleinen Kronen markiert, damit der Spieler auf einen Blick sieht, um welche Figur es sich handelt, gleichgültig auf welchem Felde des Schachbretts die Figur gerade steht.

Der Krieg setzte bedauerlicherweise der Herstellung dieser unübertroffenen Schachfiguren ein Ende, doch produzieren die alleinigen Hersteller der Original-Staunton-Schachspiele, John Jaques & Son Ltd, in der neuen Thornton-Heath-Fabrik in Surrey wieder Schachspiele in der $3^1/_2$-inch-Größe. Bild 27 zeigt die eine Hälfte eines Staunton-Schachspiels aus Elfenbein (die beiden Seiten unterscheiden sich nur durch die Farbe), während in Bild 28 ein einzelner Staunton-Springer zu sehen ist. Die Krone, die Springer und Turm der Königsseite tragen, ist deutlich zu erkennen.

Im Ersten Weltkrieg wurden vielfach Schachspiele für den täglichen Gebrauch ganz provisorisch angefertigt, nach Kriegsende gab es solche aus Patronenhülsen als Erinnerungsstücke. Ein solches Spiel zeigt Bild 90, eine wirklich hervorragende Arbeit. Es gibt auch Spiele, bei denen kleine Holzsymbole in die Hülsenöffnungen gesteckt sind, bei anderen wieder sind die oberen Enden plattgeschlagen und zu Figuren ausgebildet.

28 Dieser Springer, nach dem Entwurf in Bild 27 geschnitzt, zeigt die kleine Krone, die in Springer und Turm der Königsseite zur Kennzeichnung eingeschnitten war

(nächste und übernächste Seite)
VI *(oben links)* Fayence-Figuren des St.-George-Typs aus Rouen, frühes 19. Jh.

VII *(unten links)* Zeitgenössische französische Schachfiguren, die vollständig aus Muscheln zusammengesetzt sind

VIII *(rechts)* Figuren der Wedgwood-Töpferei. Sie wurden in dem Etruria-Werk mit Flaxmans Formen gegen Ende des 18. Jhs. hergestellt

IX *(rechts außen)* Minton-Keramikfiguren des 19. Jhs.

VI

VII

VIII

IX

DEUTSCHLAND

Die feinsten Beispiele von Schachfiguren, die in den Werkstätten früher deutscher Handwerker entstanden, sind in ihrer außergewöhnlichen Vollendung und Schönheit nur ganz selten erreicht, aber nie übertroffen worden. Es versteht sich von selbst, daß auf die Ausarbeitung der dargestellten Objekte, auf ihren Entwurf und ihre historische Treue die größte Sorgfalt verwendet wurde. Bis hinunter zum unscheinbaren Detail ist alles und jedes korrekt. Ob afrikanisches Elfenbein, Knochen, Hartholz, Gold, Silber, Bernstein oder Messing und Eisen – jedes Material wurde zu höchster Wirkung gebracht. Den Hauptanteil daran haben die Handwerker aus der Gegend von Augsburg und Nürnberg, doch wurden zahlreiche schöne Schachspiele auch in anderen Teilen Deutschlands hergestellt.

Hartholz-Schachspiele von erlesener Schönheit haben oft Silberfassungen, die immer die Silbermarke Nürnbergs tragen. Das schließt aber nicht aus, daß diese Figuren anderswo geschnitzt und von Nürnberger Silberschmieden lediglich gefaßt wurden.

Holzschnitzer in Tirol und im Schwarzwalde fertigten Schachfiguren nach einer Vielzahl von Entwürfen. Diese Spiele wurden aus den verschiedensten Hölzern meisterhaft gearbeitet und verrieten reiche Erfindungsgabe, ließen aber die letzten Feinheiten vermissen. Bild 29 zeigt ein Schachspiel aus Hartholz und afrikanischem Elfenbein, das im frühen 18. Jh. irgendwo in Süddeutschland geschnitzt wurde. Von diesen Figuren geht ein Zauber aus, der den viel perfektionierteren späteren Figuren aus dieser Landschaft völlig fehlt. Einige Ungereimtheiten fallen an diesem Spiel auf: Die Helme der weißen Figuren gleichen stark denen der dänischen Figuren aus späterer Zeit, und die Turbane der schwarzen Figuren haben Ähnlichkeit mit solchen, die in Nordafrika und der Türkei getragen wurden. Die von Elefanten getragenen Türme sehen aus wie französische Türme des Direktoire, nur der Springer ist nach Typus und Haltung zweifellos süddeutsch.

Alle Figuren des zauberhaften Schachspiels in Bild 30 sind mit peinlichster Sorgfalt aus Bernstein von verschiede-

29 Figuren eines geschnitzten Hartholz- und Elfenbeinspiels aus Süddeutschland; frühes 18. Jh.

nen Farben geschnitten. Es entstand in Süddeutschland in der zweiten Hälfte des 18. Jhs. Die Silberfassungen sind ohne Marke. Aus afrikanischem Elfenbein geschnitzt ist das prächtige Schachspiel in Bild 31, eine Arbeit aus dem dritten Viertel des 18. Jhs. Überhaupt wurden alle Spiele dieses Typs mit durchweg tadelloser Oberflächenbearbeitung in Nürnberg oder Augsburg geschnitzt. Fast immer sind die Augen der Figuren durch Einbohren und Bemalen der Pupillen deutlich hervorgehoben, bei Hartholzfiguren dieses Typs wurden sie eingebrannt. Wie viele deutsche Spiele hat auch das Beispiel in Bild 31 gleiche Figuren auf beiden Seiten.

Ein gotisches Thema behandelt ein großfiguriges, aus afrikanischem Elfenbein geschnitztes Schachspiel aus der ersten Hälfte des 19. Jhs. [Bild 32]. Deutsche Schachspiele dieser Art brillieren durch ihre fein geschnitzten Gesichter und durch gewissenhafte Ausführung der Details. Diese Genauigkeit des Details zeigen zum Beispiel die Sockel der Springer, die naturgetreue Burgen darstellen. Trotzdem

30 Bernstein-Schachfiguren mit silbernen Füßen; eine süddeutsche Arbeit aus dem späten 18. Jh.

X *(linke Seite)* Porzellan-Schachfiguren der Ludwigsburger Manufaktur; frühes 19. Jh.

31 Figuren aus afrikanischem Elfenbein; Nürnberg, 18. Jh.

32 Deutsche Schachfiguren, aus afrikanischem Elfenbein geschnitzt; 19. Jh.

fehlt diesem und auch anderen großfigurigen Spielen aus Deutschland der letzte Grad an Vollendung, der von französischen Handwerkern jener Zeit erreicht wurde.

Reineke-Fuchs-Schachfiguren, nach den Entwürfen Kaulbachs für Goethes Epos geschnitzt, sind äußerst selten [Bild 33]. Das hier gezeigte Spiel aus afrikanischem Elfenbein ist eine erstklassige Schnitzarbeit und wohl das feinste bekannte Beispiel. Reineke ist verkörpert in den vier Springern; Löwe und Löwin stellen die Könige und Königinnen dar. Im Alten Historischen Stadtmuseum in München befindet sich ein in manchem ähnliches Spiel, das Kaulbach selbst zugeschrieben wird, aber qualitativ an das hier abgebildete nicht heranreicht. Ältere Reineke-Fuchs-Schachspiele aus der zweiten Hälfte des 18. Jhs. haben Affen als Bauern, während hier jeder Bauer durch ein anderes Tier vertreten ist – durch einen Affen, einen Vogel oder ein Nagetier.

Nicht selten finden sich alte deutsche Schachspiele, deren beide Seiten aus verschiedenem Material geschnitzt sind. In Bild 34 sind einige Figuren eines solchen Schachspiels aus dem letzten Viertel des 18. Jhs. zu sehen, das aus Bernstein und Elfenbein geschnitzt ist. Die Bernsteinfiguren stellen Maria de Medici mit ihrem Gefolge dar, auf der Gegenseite stehen die Hugenotten unter Condé als Elfenbeinfiguren. Sehr wahrscheinlich hat die Schlacht von Jarnac (1659), in der die Hugenotten geschlagen und Condé getötet wurde, dieses Schachspiel inspiriert. Ein anderes Spiel aus Bernstein, eine norddeutsche Arbeit, ist komplett mit dem Originalschachbrett erhalten [Bild 35].

Vollendet schöne und bedeutende Schachspiele wurden im 18. Jh. in den berühmten Manufakturen von Meißen und Frankenthal aus Porzellan hergestellt. Prachtvoll modelliert aus Porzellan feinster Qualität und zauberhaft bemalt, stehen diese exquisiten Schachspiele auf einsamer Höhe.

Zu ihnen gehört das entzückend kolorierte Spiel aus erstklassigem Meißener Porzellan in Bild 93. Seit ihrer Gründung durch August den Starken, Kurfürsten von Sachsen und König von Polen, im Jahre 1710 hat die Meißener Porzellanmanufaktur im Laufe ihrer Geschichte von Zeit zu

33 Deutsches Reineke-Fuchs-Schachspiel nach den Entwürfen Kaulbachs zu Goethes Tierepos; frühes 19. Jh.

34 Catharina de Medici in Bernstein; die andere Partei dieses deutschen Schachspiels aus dem 18. Jh. war aus afrikanischem Elfenbein geschnitzt

35 Bernstein-Schachfiguren auf einem Bernstein-Schachbrett; norddeutsche Arbeit des 18. Jhs.

36 Meißner Porzellan-Schachfiguren des 20. Jhs.

Zeit einzelne Typen herrlicher Schachspiele produziert, wobei festzustellen ist, daß den nach Ende des 18. Jhs. entstandenen Spielen der subtile Charme der älteren Sätze fehlt. Das erwähnte Spiel stammt aus dem Jahre 1745. Spätere Spiele zeigen vollendete Oberflächenbearbeitung, sind aber mit leuchtenderen Farben bemalt und hübsch mit Gold verziert, während die wirklich alten Spiele keine Vergoldung hatten. Die Manufaktur stellt auch heute noch Schachspiele her. Prof. Max Esser, Berlin, entwarf das moderne „Marine"-Schachspiel, während weitere namhafte Künstler verschiedene andere, weniger bekannte Spiele schufen. In dem in Bild 37 gezeigten modernen Schachspiel, dessen Entwurf wahrscheinlich von Struck ist, werden die Figuren durch Frösche verkörpert. Es ist eine in jeder Hinsicht ausgezeichnete Arbeit, dabei ein modernes Spiel und keineswegs alltäglich.

Auch in anderen Manufakturen wurden im frühen 19. Jh. wertvolle Schachspiele produziert, so besonders in Fürstenberg, Ludwigsburg und Volkstadt. So zeigt zum Beispiel Tafel IX ein Schachspiel aus der Fürstenberger Manufaktur, die 1750 von Herzog Karl von Braunschweig unter der Leitung von Benckgraf gegründet wurde, der aus der Höchster Manufaktur kam. In Fürstenberg, das als Porzellanmarke ein F, gewöhnlich in blauer Farbe, wählte, wurde feines Porzellan im Stil von Meißen hergestellt. Die Figuren sind von erlesener Qualität und gewöhnlich in Weiß und Braun gehalten und mit Gold verziert. Sehr ähnliche Spiele entstanden in Volkstadt im Thüringer Wald. Ihre Farben waren Weiß und Blaßblau, die Firmenmarken waren eine Heugabel (für Rudolstadt) oder die Buchstaben CV (für Volkstadt).

Weitere sehr eindrucksvolle deutsche Porzellan-Schachspiele verdanken ihre Entstehung der Manufaktur von Ludwigsburg bei Stuttgart [Tafel X]. Heinrich der Löwe, einen Löwen reitend, ist der König des Spiels, Hofnarren auf Eseln sind seine Läufer. Jede Figur ist mit CC markiert – das ist die Fabrikmarke von 1806–1818. Die beiden Figurensätze sind mit den gleichen Formen hergestellt, meistens in den Farben Weiß und Grün.

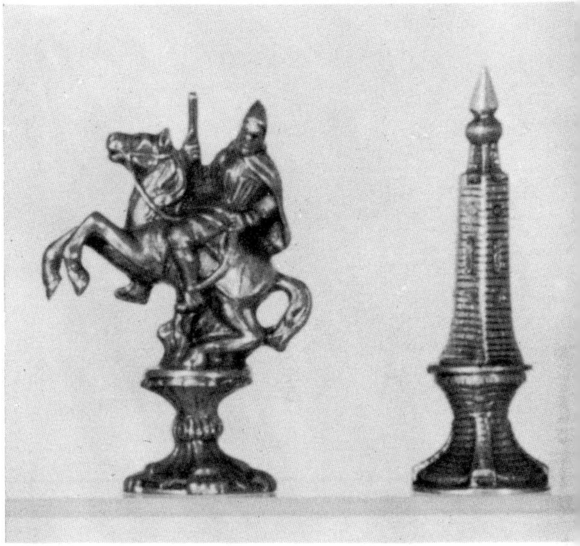

37 *(oben und unten)* Silber- und Bronzefiguren eines deutschen Spiels aus dem 19. Jh.

38 Gußeiserne Schachfiguren des Morphy-Typs, im 19. Jh. von Zimmermann in Hanau ausgeführt

Ganz abgesehen von der diffizilen handwerklichen Ausführung war die Herstellung von Schachspielen aus Silber immer sehr kostspielig, und sie erfreuten sich nie der Beliebtheit schön geschnitzter Holz- oder Elfenbeinfiguren. Außer einigen wenigen silbernen Schachspielen des 18. Jhs. aus Augsburger oder Nürnberger Werkstätten wurde wenigstens ein Schachspiel von hoher künstlerischer Vollendung im Jahre 1778 in Königsberg in Ostpreußen angefertigt. Es stellt einen Kampf zwischen römischen und maurischen Heeren dar und befand sich mit dem dazugehörigen silbernen Schachbrett einstmals im Besitz des Barons von Minnegerode in Rossitten. Das älteste deutsche Schachspiel aus Silber ist aber wohl eines aus Nürnberg und auf etwa 1700 zu datieren.

Zu den größten Seltenheiten gehören Schachspiele aus zwei grundverschiedenen Metallen. Es gibt ein solches deutsches Spiel aus dem 19. Jh., bei dem die eine Seite Silberfiguren hat (sie stellen Deutsche dar), die andere Bronzefiguren (sie stellen Russen dar). Das Spiel ist ohne Marke und wurde wahrscheinlich von einem österreichischen Handwerker in einer Nürnberger Werkstatt gearbeitet. Es ist aber mit Sicherheit deutschen Ursprungs.

Eine Möglichkeit, billige und doch dekorative Schachfiguren aus Metall herzustellen, bot das Gußeisen. Solange die Originalmodelle, von denen die Gußformen abgenommen wurden, von hervorragenden Kunsthandwerkern geschaffen wurden, konnten reizvolle Figuren von künstlerischem Wert recht billig gegossen werden. Die schönsten Gußeisen-Figuren wurden von Zimmermann in Hanau entworfen und gegossen, aus dessen Gießerei nicht weniger als acht grundverschiedene Typen hervorgingen. Einige der schönsten Spiele Zimmermanns sind mit seinem Namen und der Musternummer versehen, während andere vom selben Typ ohne jede Marke sind. Das Spiel in Bild 38 wurde um die Mitte des 19. Jhs. gegossen und ist die bekannteste Arbeit Zimmermanns. Im Entwurf ähnelt es dem Spiel aus Gold und Silber, das dem berühmten amerikanischen Schachspieler Paul Morphy anläßlich seiner Rückkehr aus England, wo er die besten bekannten Schachspieler seiner Zeit geschlagen hatte, im Jahre 1895 zum Geschenk gemacht wurde. Zwar wird allgemein angenommen, daß die gußeisernen Schachspiele des in Bild 38 gezeigten Typs Reproduktionen eben jenes Spiels von Paul Morphy sind, doch muß man mit größerer Wahrscheinlichkeit in beiden Spielen Kopien viel älterer Figuren deutschen Ursprungs sehen. (Schachspiele desselben Typs wurden übrigens in Spanien aus Messing hergestellt.) Andere, weniger bekannte Gießereien in vielen Teilen Deutschlands produzierten ebenfalls sehr reizvolle kleine Schachfiguren. Herstellermarken waren nicht üblich, und es ist durchaus möglich, daß die meisten der nicht markierten „Zimmermann"-Spiele in einer dieser Gießereien mit Formen gegossen wurden, die von Figuren Zimmermanns abgenommen worden waren.

ITALIEN

Italienische Handwerker sollen im 16. und 17. Jh. in Mailand und Florenz bezaubernde Schachspiele geschnitzt haben. Daß manches schöne Spiel von diesen Mailänder und Florentiner Meistern geschaffen wurde, steht außer Zweifel. Da aber alle Spiele in besonderem Auftrag angefertigt wurden, dürfte es höchst zweifelhaft sein, ob ein solches Spiel, selbst wenn es erhalten geblieben ist, von Sammlern entdeckt werden kann. Die Inventare bedeutender Persönlichkeiten des 15. und 16. Jhs. verzeichneten oft auch Schachfiguren. Es kann aber als sicher gelten, daß die große Mehrzahl aller zum Spielen verwendeter Figuren zu allen Zeiten eine sehr einfache Form hatte. Diese Feststellung läßt sich unschwer an Hand alter Gemälde und Drucke beweisen.

Ein prachtvolles Florentiner Schachspiel aus dem dritten Viertel des 18. Jhs. – es ist aus afrikanischem Elfenbein gedrechselt und geschnitzt – zeigt Bild 39. Beide Seiten haben die gleichen Figuren, nur sind die der einen Seite blaßgrün gefärbt. Römische Kaiser und Kaiserinnen figurieren als Könige und Damen, römische Beamte als Läufer; die Springer sind gezäumte Pferdeköpfe und die Türme kastellartige Wehrtürme. Die sauber gedrechselten Bauern bestehen aus schlichten Schäften, die von einer Eichel bekrönt sind. Die hervorragende Kunst der alten italienischen Handwerker

39 In Italien geschnitzte Figuren aus afrikanischem Elfenbein

40 Aus afrikanischem Elfenbein geschnitzte Figuren; italienische Arbeit des 19. Jhs.

wird an diesem Beispiel deutlich, ebenso auch an dem Spiel in Bild 40, das gleichfalls römische Kaiser und Kaiserinnen als Könige und Damen hat.

Höchst phantasievolle Schachspiele schnitzten italienische Handwerker gegen Ende des 18. Jhs. Als Themen wählten sie menschliche Wesen, Fische, Insekten, Vögel und andere Lebewesen. Ihre Qualität ist durchweg hoch, die handwerkliche Ausführung bei allen ganz vorzüglich. Amüsante Spiele mit verwandelten Tiergestalten und Fischwesen wurden sowohl in Italien als auch in Deutschland aus afrikanischem Elfenbein geschnitzt. Bei manchen Spielen ist es nicht klar, ob sie Deutschland oder Italien zugeschrieben werden müssen, aber im allgemeinen sind die deutschen Spiele dieser Art großzügiger gearbeitet und verraten weniger Sorgfalt im Detail.

Frühe italienische Silber-Schachspiele sind ohne Marke. Sicher kann eine sorgfältige Prüfung eines solchen Schachspiels Hinweise auf seinen Ursprung geben, in den meisten Fällen ist aber die definitive Herkunftsbestimmung doch besser als eine scharfsinnige Vermutung auf Grund von Eigenarten des Stils und der handwerklichen Ausführung. Venezianische Handwerker des 19. Jh. schufen eine große Zahl von Schachspielen aus Glas. Wie die französischen

Glasfiguren hatten auch sie ältere Figuren aus Elfenbein oder Porzellan zum Vorbild. Einige sind aus klarem oder gefärbtem Kristallglas geblasen, andere konnten wegen ihrer komplizierten Struktur nur von einem Meister der Glasmacherkunst gearbeitet werden. Diese dekorativeren und schwierigeren Figuren erforderten in der Tat außergewöhnliches Können; die Figuren wurden aus festem Kristallglas hergestellt, das aus verschiedenfarbigen Gläsern zusammengeschmolzen war, mit den erforderlichen Bearbeitungswerkzeugen in die gewünschte Form gebracht und schließlich überfangen. Die verschiedenartige Zusammensetzung der Glassubstanz erforderte auch eine genaue Kenntnis des Kühlvorgangs, da die Figuren sonst unweigerlich gesprungen wären.

Einfache Schachfiguren vom St.-Georg-Typ wurden in Venedig im frühen 19. Jh. aus Hartglas hergestellt. Spiele dieser Art finden sich in verschiedenen Farben: in Glasklar und Blaßgrün, Glasklar und Gelb, Glasklar und Blau sowie Glasklar und Mauve. Andere venezianische Spiele wurden aus Weichglas geblasen; diese Figuren waren hohl und an der Basis mit einem Kork versehen, damit sie mit farbiger Flüssigkeit gefüllt werden konnten. Allerdings erwiesen sie sich als sehr unpraktisch.

41 Italienische Schachfiguren aus der Fischwelt; Schnitzerei aus afrikanischem Elfenbein, 19. Jh.

42 Figuren einer Spielpartei eines österreichischen Schachspiels aus Hartholz; interessant sind die doppelköpfigen Springer

MITTELEUROPA

Seit dem zweiten Viertel des 18. Jhs. und während des ganzen 19. Jhs. schnitzten österreichische und ungarische Handwerker in ihren Heimatländern reizvolle Schachspiele. Zur gleichen Zeit aber waren Auswanderer dieser beiden Länder für einige der feinsten Spiele verantwortlich, die einem anderen europäischen Land zugeschrieben wurden.

Die Schachspiele aus Österreich und Ungarn folgen keinem besonderen Stil, jedes wurde nach einem individuellen Entwurf gearbeitet und spiegelte das Talent seines Schnitzers wider. Die aus Elfenbein oder Hartholz hergestellten Schachfiguren des 18. Jhs. lassen keinen Wunsch offen, aber im nächsten Jahrhundert wurden Tausende von Spielen nach zahlreichen Entwürfen aus Weichholz geschnitzt. Tiere, Vögel, Händler und Landvolk waren die Themen, und obwohl das handwerkliche Niveau durchaus anerkannt werden muß, erreichte die Qualität dieser Figuren durchweg nicht die Vollkommenheit der früheren Arbeiten. Unter den Hartholz-Schachspielen des 18. Jhs. finden sich hin und wieder verfeinerte Nachbildungen der doppelköpfigen Pferde, die oft als Symbole der Springer in der frühen Schachliteratur verwendet wurden. Ein österreichisches Schachspiel dieser Art zeigt Bild 42. Bei verwandten Figuren deutscher Herkunft sind gewöhnlich menschliche Gesichter in die Körper der Könige, Damen und Läufer eingeschnitten.

In einem sehr seltenen österreichisch-ungarischen Glas-Schachspiel des Biedermeier [Tafel XIII] bestehen die hellen Figuren aus sogenanntem Uranglas, die Gegenfiguren aus Glas mit Goldoxydzusatz. Köpfe und Gesichter sind mit größter Sorgfalt bemalt und alle Figuren mit Gold verziert.

Die wenigen Schachspiele aus Silber, die im 18. Jh. in Österreich und Ungarn entstanden, sind ohne Marken; den Zeitpunkt ihrer Entstehung und ihren Ursprung exakt zu bestimmen, ist somit unmöglich. So kam es, daß nicht wenige von ihnen Deutschland oder anderen europäischen Ländern zugeschrieben wurden. Einige hervorragende Schachspiele aus Silber entstanden in den ersten Jahrzehnten unseres Jahrhunderts [Tafel XII und Bild 43]. Das hier wiedergegebene Schachspiel, das sich einschließlich Brett komplett erhalten hat, ist ein Meisterwerk der Silberschmiedekunst. Die Figuren sind aus massivem Silber gearbeitet und mit Edelsteinen – Amethyst, Türkis, Karneol und Topas – inkrustiert. Die größeren Steine sind mit *intaglio*-Gravierungen und das Schachbrett, ebenfalls aus Silber, mit heraldischen Waffen und Emblemen aus Email geschmückt. An der in Bild 43 dargestellten Figur dieses Spiels ist das hohe künstlerische Niveau und die außergewöhnliche Qualität zu erkennen. Die Figuren der Gegenseite sind goldplattiert. (Dieses Spiel wird in Ungarn jetzt von neuem hergestellt. Erscheinen bei dem Originalspiel Bearbeitung und Ziselierung in höchster Vollendung, so fehlen diese bei dem neuen Spiel völlig; es zeigt lediglich emaillierte Details.) Sehr fein gearbeitete Schachspiele aus Messing, Bronze und Zinn sind Ungarn zuzuschreiben, doch sind auch sie ohne Marke.

43 Goldplattierter Bauer aus massivem Silber; er gehört zu dem Spiel auf Tafel XII

45 Birnenholz-Figuren von einem der schönsten in Böhmen geschnitzten Schachspiele; frühes 19. Jh.

44 Geschnitzte Hartholz-Schachfiguren aus Böhmen, 19. Jh. Zu beachten sind die doppelköpfigen Pferde (siehe auch Bild 42)

In der zweiten Hälfte des 19. Jhs. wurden zierliche kleine Porzellan-Schachfiguren in der Kaiserlichen Porzellan-Manufaktur in Wien hergestellt. Es handelt sich nur um einen einzigen Typ. Die Figuren waren tadellos modelliert, sehr geschickt, doch sparsam in Gelb und Schwarz bemalt und mit Gold verziert. Nach einem Erlöschen der Produktion wurde 1926 und noch einmal in den Nachkriegsjahren ein fast gleiches Spiel herausgebracht, doch ist der Dekor des Originals weit überlegen.

Drechsler in Bosnien und Herzegowina schufen gegen Ende des 18. Jhs. Schachfiguren eines ganz einmaligen Musters aus Elfenbein und Knochen. Die Figuren der Könige, Damen, Läufer und Bauern bestanden aus geschnitzten menschlichen Köpfen auf birnenförmigen Sockeln, die auf runden Füßen standen. Die Springer waren durch die Vorderteile gezäumter Pferde dargestellt und die Türme durch birnenförmige Kastelltürme. Die bosnischen Schachfiguren können kaum als schön bezeichnet werden, aber sie sind sehr reizvoll und außerdem äußerst selten.

Die Holzschnitzerei erreichte Ende des 18. Jhs. in einigen Teilen Böhmens nahezu höchste Vollendung, wie unser Beispiel in Bild 44 aus dem Anfang des 19. Jhs. zeigt. Um diese Zeit standen die Holzdrechsler den Schnitzern an meisterlichem Können in nichts nach – das beweist Bild 45 mit einem aus Hartholz kunstvoll gedrechselten Schachspicl. Spiele aus Hartholz wurden im frühen 19. Jh. überall in Mitteleuropa hergestellt, manche mit einfach gedrechselten Figuren, andere mit Büsten oder menschlichen Köpfen, doch waren in allen Spielen die Springer als doppelköpfige Pferde dargestellt.

In der Tschechoslowakei wurden lange Zeit qualitativ hervorragende Spiele aus Glas produziert. Von den früheren

Spielen haben sich nur wenige erhalten, doch wurden in den letzten 50 Jahren sehr schöne, schwere Spiele aus klarem und schwarzem Glas hergestellt. Die Könige, Damen, Läufer und Bauern sind Miniaturnachbildungen römischer Büsten, die Springer erscheinen als feurige Pferdeköpfe, dazu kommen die schweren Türme. Die älteren Spiele haben als Marke einen erhobenen Schmetterling.

In Rumänien und Bulgarien wurden einfach bemalte Schachspiele aus Holz produziert; sie sind interessant und reizvoll, aber von mäßiger Qualität und Ausführung.

Schweizer Holzschnitzer des 19. Jhs. fertigten Schachspiele aus Weichholz in erheblichen Mengen. Die besten Spiele erreichten einen hohen Standard, doch wurde die Mehrzahl auf kommerzieller Grundlage von Handwerkern produziert, die zumeist in anderen Zweigen der Holzschnitzer-Industrie beschäftigt waren. Das beliebteste Thema Schweizer Schachspiele bildeten wohl die „Bären von Bern“ [Bild 46], doch wurden auch Vögel und andere Tiere von den Schnitzern als Motiv gern gewählt. Nur sehr wenige, aber sehr schöne Spiele schnitten Schweizer Handwerker aus afrikanischem Elfenbein. Auch sie behandeln das Bärenthema und halten dabei jeden Vergleich mit den besten deutschen und französischen Stücken dieser Zeit aus. Wahrscheinlich sind sie alle aus derselben kleinen Handwerkerschule hervorgegangen wie die hochwertigen Holzfiguren.

NORDEUROPA

Die Schachfiguren der frühen dänischen Handwerker zeichnen sich allgemein durch hohe Qualität aus. Es wurde grundsätzlich nur hochwertiges Elfenbein verarbeitet; die sorgfältige Materialauswahl wird in der außergewöhnlichen Vollendung dieser Schachspiele deutlich sichtbar. Die wahrscheinlich ältesten dänischen Schachfiguren stammen aus dem 17. Jh. und sind im Nationalmuseet in Kopenhagen zu sehen [Bild 47]. Die Zentralfigur ist ein König, der vor 1869 in Vordinborg auf Seeland gefunden wurde; zu seiner Rechten steht eine Dame, vor 1841 bei Randers auf Jütland gefunden, und zu seiner Linken ein Turm, vor 1856 in Frederiksberg (Kopenhagen) gefunden.

46 Schachspiel aus Birnenholz, Schweizer Schnitzerei des 19. Jhs., mit den „Bären von Bern“

47 Dänische Schachfiguren des 16. Jhs. aus Walroß-Elfenbein; jetzt im Nationalmuseet zu Kopenhagen

48 *(rechte Seite)* Flämische Schachfiguren des 19. Jhs. aus afrikanischem Elfenbein. „Kampf der Tugend gegen das Laster“ war das – damals sehr beliebte – Thema dieses Spiels

Aus Elfenbein, Knochen und Holz wurden in Holland zahlreiche Schachspiele gedrechselt. Die besten Spiele gleichen in der Qualität etwa den besseren deutschen und französischen Spielen des gleichen Typs. Seit der Mitte des 18. Jhs. wurden oft verschiedene Versionen desselben Grundtyps aus Knochen und Elfenbein hergestellt. Manche dieser Spiele sind nach den heutigen Maßen spindeldürr, aber trotzdem gut ausgewogen. Außerdem waren sie die idealen Figuren für die kleinen Felder, wie man sie auf alten Schachbrettern und -tischen findet.

Sowohl dänische als auch holländische Silberschmiede stellten Schachspiele aus Silber her. Gute Entwürfe und sehr sorgfältige Bearbeitung zeichnen diese Spiele aus, doch erreichen sie nicht die Vollendung der alten deutschen Spiele. Es existiert ein sehr schönes dänisches Spiel, in dem Gustav Adolph und Ferdinand von Österreich porträtiert sind. Diese entzückenden kleinen Figuren haben einen Ausdruck prahlerischer Heiterkeit, wie man ihn selten in silbernen Schachspielen antrifft. Jede Figur trägt die dänische Silbermarke für 1860. Ein fast gleiches Spiel [Bild 94] ist von Zimmermann 1850 gegossen worden.

Ungewöhnliche Themen finden sich in flämischen Schachspielen. Bild 95 zeigt ein seltenes, sehr eindrucksvolles Spiel mit Schweizer Figuren auf der einen und österreichischen auf der anderen Seite. In diesem besonderen Spiel, eine vortreffliche Elfenbeinschnitzerei, sind die Türme durch Schiffe dargestellt, während es üblicherweise bei Spielen dieses Typs Schweizer Chalets sind. Flämische Handwerker des 18. Jhs. zählten zu den besten Schnitzern der Welt, doch das Schnitzen von Schachfiguren sahen sie nicht als ernsthafte Beschäftigung. Trotzdem: die wenigen Schachspiele aus ihrer Hand haben hohes Niveau.

„Kampf der Tugend gegen das Laster“ war ein beliebtes Thema im frühen 19. Jh.; das Schachspiel in Bild 48 zeigt eine besonders gelungene Darstellung dieses Themas. König und Dame der weißen Steine werden von zwei Hofbeamten mit geschlossenen Bibeln begleitet, die Springer sind Pagen zu Pferde und die Bauern Cherubs mit Symbolen der Liebe. Mephisto als rotem König und seiner halbnackten Dame sind

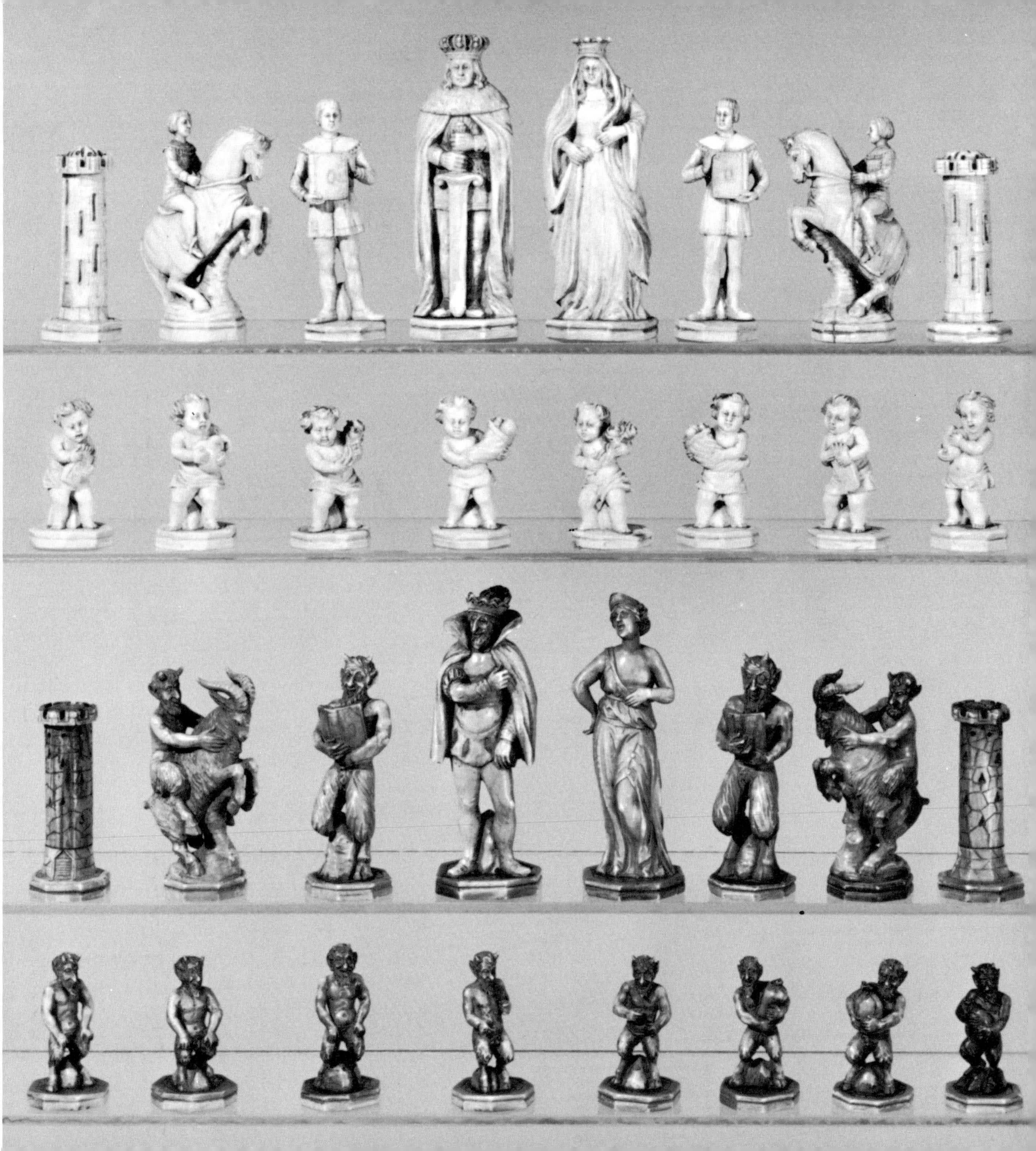

49 Spanische Schachfiguren aus der Gegend von Barcelona; 18. Jh.

XI *(rechte Seite)* Deutsche Porzellan-Schachfiguren aus der Porzellanmanufaktur Fürstenberg; frühes 19. Jh.

Satyre mit einem offenen Buch als Läufer beigestellt. Die Springer sind Satyre auf Ziegenböcken und die Bauern Teufelchen, die Steine, Keulen oder Musikinstrumente tragen.

SPANIEN

Zwar weiß man, daß in Spanien schon früh hochwertige Schachspiele geschaffen wurden, doch leider haben sie sich nicht erhalten. Zu den bedeutendsten gehörten Figuren von anspruchsvoller Schönheit, die oft auf Holzsockel montiert waren. Im 17. Jh. wurden im Gebiet von Barcelona katalonische Schachfiguren aus Bein oder Elfenbein nach einem Grundentwurf hergestellt [Bild 49]. Auf den ersten Blick könnte das Spiel als eine Komposition aus einem deutschen, französischen, holländischen und türkischen Spiel erscheinen, doch ist jede Figur durchaus original, ja es läßt sich sogar beweisen, daß der Satz sehr alten Ursprungs ist. Das abgebildete Spiel entstand zwar erst gegen Ende des 18. Jhs., aber dieses Spiel war schon mehr als hundert Jahre vorher allgemein im Gebrauch.

Spanische Handwerker des 18. Jhs. zeichneten sich durch religiöse Arbeiten, durch geschnitzte Figurengruppen, Pokale und Kameen aus, aber nur wenige befaßten sich mit Schachfiguren. Trotzdem stellte mindestens eine Schnitzerschule in der zweiten Hälfte des 18. Jhs. zahlreiche Spiele her. Diese Handwerker schnitzten ihre Figuren nach einem Entwurf, der bisher nirgendwo seinesgleichen hatte. Form und Stil sind so bezeichnend, daß Sammler sie jahrelang als „herkömmlich spanisch“ oder als „Kanzelfiguren“ bezeichneten. Ein Spiel dieser Art ist aus getrockneten Knochen

I

50 Auf Galerien oder Kanzeln montierte Figuren eines spanischen aus Bein geschnitzten Schachspiels; 18. Jh. Das Spiel enthält keine menschlichen Figuren, die Bauern bestehen lediglich aus Akanthusblättern

51 Drei Bauern eines spanischen Schachspiels aus Hartholz; 18. Jh.

gedrechselt und geschnitzt, und die Figuren einer Partei sind tiefbraun gefärbt. Jede Figur dieses wundervollen spanischen Spiels ist auf eine Galerie oder Kanzel aufgesetzt. Menschliche Darstellungen enthält dieser Entwurf mit baumartigen Symbolen nicht, auch die Bauern sind durch einzelne Akanthusblätter dargestellt [Bild 50].

Trotzdem hat dieses Spiel vieles mit dem in Bild 52 dargestellten gemeinsam. Was die spanischen Handwerker veranlaßte, Schachspiele eines so ungewöhnlichen Musters herzustellen, ist nicht bekannt, aber die außerordentliche Ähnlichkeit in der Bearbeitung aller spanischen Schachfiguren des 18. Jhs. läßt kaum einen Zweifel, daß sie allesamt aus derselben kleinen Handwerkerschule stammen. Eines der schönsten seiner Art ist das Schachspiel in Bild 52, das im letzten Viertel des 18. Jhs. aus getrocknetem Bein gedrechselt und geschnitzt wurde. Jedes Symbol, mit Ausnahme des Turms, ist auf eine Galerie aus Akanthusblättern montiert. In der künstlerischen Ausarbeitung dieser Galerien, der gezäumten Pferdeköpfe und der Bauern wird die hervorragende Qualität dieses Spiels besonders augenscheinlich.

Elfenbein und Bein wurden bei der Herstellung dieser und ähnlicher Spiele manchmal miteinander kombiniert. Bein läßt sich zwar nur schwer schnitzen, aber es war billig

und außerdem hohl und damit ein idealer Werkstoff für die Ausarbeitung der Galerie-Unterteile. Dagegen war Elfenbein immer teuer, aber leicht zu schnitzen. Das ist der Grund, weshalb die Galerien, Schäfte und Füße aus Bein, die Symbole (Köpfe usw.) aber oft aus Elfenbein geschnitzt sind. Die Türme der hier beschriebenen spanischen Schachspiele sind burgartige Einzel- oder Doppeltürme mit Fahnen oder spitz zulaufenden Bekrönungen. In der zweiten Hälfte des 18. Jhs. wurden auch einige vorzügliche Schachspiele aus Hartholz geschnitzt [Bild 51], die den Schachspielen aus Bein dieser Periode sehr ähnlich sind.

Bei einem anderen Schachspieltyp des späten 18. Jhs. sind die Offiziersfiguren, gewöhnlich aus Elfenbein gedrechselt und geschnitzt, auf Akanthuskanzeln montiert, die Bauern durch einfache, aber fein gedrechselte Schäfte dargestellt. Als Springer finden sich oft doppelköpfige Pferde.

Das großartige spanische Spiel aus dem 20. Jh., das Bild 96 zeigt, besteht aus Messing und Kupfer. Es soll 1910 in besonderem Auftrag für eine berühmte portugiesische Persönlichkeit angefertigt worden sein. Überhaupt produzierten spanische Metallhandwerker sehr schöne und figürlich interessante Schachspiele aus Messing und Kupfer, darunter auch Reproduktionen des Morphy-Spiels.

52 Großartige spanische Schachfiguren des 18. Jhs., aus Bein gedrechselt und geschnitzt

(nächste und übernächste Seite)
XII Fein ausgearbeitete massive Schachfiguren aus Silber, mit Edel- und Halbedelsteinen inkrustiert und mit einem dazu passenden Schachbrett; österreichische Arbeit, 20. Jh.

XIII Äußerst seltene Schachfiguren des 19. Jhs. aus Österreich-Ungarn. Sie sind aus Uran und Goldoxydglas gearbeitet

XII XIII

DRITTES KAPITEL

Rußland, der Mittlere Osten und Nordafrika

Der Überlieferung zufolge haben russische Handwerker schon im Mittelalter Schachspiele von beträchtlichem Wert geschnitzt. Aber die Angaben über solche Spiele sind zu wenig substantiiert, so daß es ganz unmöglich ist, sie zu bestätigen. Zwar erscheint es als ziemlich sicher, daß einige bedeutende Spiele zu dieser Zeit angefertigt wurden, doch entstand die große Mehrzahl der dekorativen russischen Schachspiele, wie in den meisten anderen Ländern, erst im 18. Jh. Interessant ist, daß die russischen Handwerker die einzigen waren, die Schachspiele herstellten, die genaue Reproduktionen von Figuren des alten indischen Schachspiels *chaturanga* darstellten. Bild 54 zeigt ein meisterhaft geschnitztes Spiel aus Wahlroßzahn aus dem letzten Viertel des 18. Jhs. Die Namen der russischen Figuren sind: *korol* (König), *fers* (Dame), *slon* (Läufer), *kon* (Springer), *ladja* (Turm) und *peska* (Bauer). Für Schachspiele dieses Typs wurde als Schnitzmaterial Walroß- und Mammutzahn benutzt; die Figuren einer Partei sind tiefbraun oder karmesinrot gefärbt.

Ein ganz ungewöhnliches russisches Schachspiel des 18. Jhs., das aus Mammut-Elfenbein geschnitzt ist und auf der einen Seite karmesinrot gefärbte Figuren hat, ist wahrscheinlich ein Unikum. Der damals übliche Berater oder Oberbefehlshaber ist durch eine Frau (Königin) ersetzt, stehende Bischofsfiguren stehen an Stelle der Elefanten, und schließlich nehmen die Elefanten die Plätze der Schiffe als Türme ein. Die Könige und Königinnen sitzen auf Thronen,

54 Springer, König und Turm eines russischen, aus Walroß-Elfenbein geschnitzten Schachspiels des 18. Jhs.

53 *(linke Seite)* Moderne israelische Figuren aus geflochtenem Silberdraht. Die Figuren der einen Spielpartei sind goldplattiert

XIV *(folgende Seite)* Mohammedanische Schachfiguren aus Persien auf einem Spielbrett derselben Periode (18. Jh.)

XIV

die Bischöfe tragen Roben und Mitren, die Springer sind berittene Krieger, die Türme Elefanten mit Edelsteinaugen. Wie in fast allen russischen Schachspielen des 18. Jhs. stellen die Figuren der einen Seite Russen, die der anderen Perser dar.

Russische Schachspiele aus Metall sind sehr selten. Bedeutende Schachspiele aus Gold und Silber wurden im 19. Jh. hergestellt und vollendete Bronzefiguren im ersten Viertel des 20. Jhs. gegossen. Ein in Bild 55 wiedergegebenes seltenes russisches Spiel aus Bronze zeigt, daß die charakteristischen Eigenschaften der älteren, geschnitzten Spiele völlig fehlen. In der Tat haben die Metallfiguren des 19. Jhs. nichts mehr gemein mit den geschnitzten von einst. Der *fers* (Berater) ist endgültig einer Dame gewichen – in den alten Schachspielen war für sie kein Platz –, die übrigen Figuren sind den herkömmlichen europäischen Formen angepaßt.

Zauberhafte Schachspiele aus Halbedelsteinen, deren Qualität ohne Tadel ist, entstanden in den berühmten Fabergé-Werkstätten. Das vollständige Spiel in Bild 56 ist ein großartiges Meisterwerk aus Halbedelsteinen und Silber und mit der Meistermarke versehen. Die Figuren der einen Seite sind aus rötlichbraunem Aventurin (Quarz) geschnitten, die der anderen aus grauem Kalgan-Jaspis. Das Schachbrett aus Nephritquadraten im Wechsel mit solchen aus Serpentin von blasser Aprikosenfarbe ist in einen Silberrahmen gefaßt, der mit Akanthus- und Lorbeerblättern verziert ist. Füße an den vier Ecken tragen das Brett.

55 Figurensatz eines russischen Schachspiels des 19. Jhs., das in Bronze gegossen ist; ein äußert seltener Typ

Um 1920 wurden in der alten Kaiserlichen Porzellan-Fabrik bei Petersburg (den jetzigen Lomonossow-Werken in Leningrad) wertvolle Schachspiele aus Porzellan hergestellt. Sie sind vielleicht die interessantesten unter allen jüngeren Keramikfiguren. Allgemein werden sie zu den Propaganda-Schachspielen gezählt, weil die beiden Seiten als Kapitalisten und Kommunisten dargestellt sind [Tafel XV]. Der Kapitalistenkönig hat einen Totenkopf, die Dame gießt Gold aus einem Füllhorn, die Läufer sind Offiziere des zaristischen Regimes und die Bauern Arbeiter in Ketten. Die bei den kapitalistischen Figuren vorherrschende Farbe ist Schwarz. Auf der kommunistischen Gegenseite ist der König ein Arbeiter mit einem Schmiedehammer, die Dame eine Frau mit

XV *(nächste Seite)* Modernes russisches „Propaganda"-Schachspiel aus Porzellan. Die beiden Parteien stellen Kapitalisten dar, deren Bauern Arbeiter in Ketten sind, und Kommunisten, deren Bauern glückliche Schnitterinnen sind

XVI *(übernächste Seite)* Türkische Schachfiguren des frühen 19. Jhs. aus afrikanischem Elfenbein; sie standen im Einklang mit dem Koran, der den Gläubigen das Berühren geschnitzter Bildnisse verbot

56 Schachfiguren von Fabergé aus Halbedelsteinen in Silberfassungen mit zugehörigem Schachbrett

XV

XVI

einer Korngarbe im Arm, die Läufer sind russische Soldaten und die Bauern lebensfrohe Schnitterinnen. Die vorherrschende Farbe ist hier Blaßrot. Als Türme stehen auf beiden Seiten Schiffe, die Segel der kapitalistischen Schiffe sind mit Ketten und Henkersbeil dekoriert, die der Gegenseite mit Hammer und Sichel. Zu Beginn der Produktion waren diese hintergründigen Propaganda-Schachfiguren qualitativ erstklassig, gut ausgeformt, sorgfältig bemalt und mit leuchtendem Gold gehöht, doch zeigen spätere Ausgaben des gleichen Spiels einen klaren Abfall in der gesamten Fertigung. Jede Figur eines jeden Spiels ist mit der Hammer-und-Sichel-Fabrikmarke in Rot markiert, und bei einigen ist das Herstellungsjahr in Ziffern angegeben.

DIE ARABISCHEN LÄNDER

Jahrhunderte lang sind in der Moslem-Welt Schachfiguren ähnlich denen in Bild 57 verwendet worden. Einzelne Spiele unterscheiden sich zwar nach Größe und Qualität, doch sind alle nach strengen geometrischen Mustern entworfen. Die dargestellten Figuren [Bild 57] wurden in und in der Nähe von Algier aus afrikanischem Elfenbein angefertigt, doch wurden in Nordafrika ähnliche Spiele aus Holz, Horn, Edelsteinen, Keramik und Metall gearbeitet. Mögen auch kleine Unterschiede in der Form und sicher auch in der Qualität bei einzelnen Spielen auftreten, so waren sich doch alle Gebrauchsspiele der mohammedanischen Welt im großen und ganzen ähnlich.

Das Schachspiel wurde bei den Arabern erst durch die Eroberung Persiens im 7. Jh. bekannt, so daß seine Erwähnung im Koran nicht möglich sein kann. Da dort aber allen Gläubigen geboten ist, Figuren in irgendwelcher Gestalt oder Form zu meiden, ist es nicht überraschend, daß die Zulässigkeit dieses Spiels von den Arabern wegen seines Ideengehalts angezweifelt wurde. Erst nach vielen Jahren heißer Debatten erging die richterliche Entscheidung: Das Schachspiel wurde unter der Bedingung für gesetzmäßig erklärt, daß die Schachfiguren einfache geometrische Formen haben sollten und das Spiel ohne Einsatz zu spielen sei.

Arabische Nomaden hatten unterwegs auf ihren Zügen

oft Schachspiele bei sich. Wohl das schönste bekannte Beispiel eines tragbaren marokkanischen Schachspiels zeigt Tafel XVII. Es stammt aus dem ersten Viertel des 19. Jhs. und hat sich, obwohl es mehrere Generationen hindurch vom Vater auf den Sohn vererbt wurde, aufs beste erhalten. Die Figuren bestehen aus Seiden-, Gold- und Silberfäden, die über Holzformen gearbeitet sind, und sind auf Füße aus alten Silbermünzen montiert. Das samtbezogene zusammenklappbare Schachbrett aus Holz hat grüne und rote Felder in einer grünen Einfassung, die in einem erhabenen Muster mit Goldfaden bestickt ist.

Handwerker des Jemen haben Jahrhunderte lang Schachfiguren aus geflochtenem Draht angefertigt. Für die ältesten Spiele wurde zumeist Kupfer- oder Messingdraht verwendet, und diese Spiele datieren bis ins frühe 18. Jh. zurück. Diese Kunst steht in Israel noch immer in Blüte, wo heute moderne Versionen vieler alter Schachspiele hergestellt werden. Unser im Jahre 1959 gefertigtes Beispiel [Bild 53] ist eine Kopie bedeutend älterer jemenitischer Spiele; es ist etwas schwerer als spätere Ausgaben, die gegenwärtig in großen Mengen für den Verkauf an Touristen produziert werden. Kleinere Ausgaben dieser und ähnlicher moderner Spiele sind manchmal mit Halbedelsteinen besetzt. Es wurde schon erwähnt, daß es treuen Moslem-Gläubigen gesetzlich untersagt war, geschnitzte Bildnisse zu berühren. Daß auch Schachfiguren trotz schlichter Formgebung sehr gefällig sein können, beweist überzeugend Tafel XVI. Diese türkischen Figuren aus dem frühen 19. Jh. sind aus afrikanischem Elfenbein gedrechselt und fallen durch sehr sparsame Schnitzarbeit auf. Sie erfüllen die wesentlichen Bedingungen des Moslem-Gesetzes und sind doch von entzückendem Ebenmaß, formschön und sehr dekorativ. Ähnliche Schachfiguren wurden hin und wieder durch eine Einlage von Silberdraht oder Farbstoff verziert. Die alten türkischen Handwerker fertigten Schachfiguren aus Elfenbein, Messing, Kupfer, Holz und Keramik. Gewöhnlich waren die Figuren klein, sehr schlicht und kaum verziert, da sie ausschließlich zum Spielen bestimmt waren. Von Zeit zu Zeit wurden jedoch sehr hübsche Spiele aus feinem Silberdraht gearbeitet, der zu

57 Mohammedanische Schachfiguren aus afrikanischem Elfenbein; Algerien, 19. Jh. Die Figuren sind zu streng geometrischen Formen ausgearbeitet

kunstvollen, wenn auch im Grunde einfachen Gestalten und Mustern verwoben wurde. Kupfer- und Messingfiguren wurden entweder gegossen oder aus Blech geschnitten, dann in die gewünschte Form getrieben und poliert. Oft wurden solche Spiele mit einfachen Arabesken ziseliert, die dann mit Metall oder Farbe eingelegt wurden. Nur wenige keramische Figuren haben sich erhalten. Sie waren bei zu niedrigen Temperaturen gebrannt und deshalb bröcklig. Zur Zeit ihrer Herstellung war das bedeutungslos, da Ersatzfiguren schnell hergestellt waren.

XVII *(linke Seite)* „Reise-Schachspiel" aus Marokko. Die Figuren sind aus Gold- und Silberfäden über Holzformen geflochten, das Brett ist mit Samt bezogen

PERSIEN

Persische Töpfer brannten aus Weichporzellan Schachfiguren, die leider auch nicht annähernd genau zu datieren sind. Weichporzellan kannten die persischen Töpfer schon im 17. Jh., doch ist es zweifelhaft, ob Schachspiele noch viel später hergestellt wurden. Die Figuren hatten schlichte Formen und waren nur leidlich gute Töpferarbeit, aber ganz brillant in Lapislazuli, matt Braungelb, Braun und Metallglanz emailliert. Mohammedanische Schachfiguren nach orthodoxem Muster wurden aus afrikanischem und indischem Elfenbein geschnitzt, dabei waren gewöhnlich beide Seiten bemalt [Tafel XIV]. Persische Metallhandwerker gossen und ziselierten einfache Gebrauchsspiele in großen Mengen. Einige ganz hervorragende Schachfiguren waren aus Messing hergestellt und mit Flußemail überzogen, das dem alten Zellenemail sehr ähnlich ist.

Ein bedeutendes persisches Schachspiel aus Silber ist hier zum Schluß abgebildet [Bild 58]. Jedes Stück ist meisterhaft ziseliert, bei der einen Partei sind die Spitzen, bei der anderen die Füße goldplattiert.

58 Figuren eines persischen Silber-Schachspiels, des 18. Jhs. Die Kuppen der einen und die Basen der anderen Spielpartei sind goldplattiert

VIERTES KAPITEL

Der Ferne Osten

BURMA

Wie schon erwähnt, wurde in Burma seit Beginn des 7. Jhs. eine modifizierte Form des *shatranj*, oder das mittelalterliche indische Spiel – das sogenannte *sittuyin* – gespielt. Zu diesem Spiel gehörten 32 Figuren und ein Brett mit 64 Feldern. Die vier zentralen Felder waren miteinander verbunden (gekreuzt). Die „Schachfiguren" waren ursprünglich nichts anderes als entsprechend gekennzeichnete Würfel oder Plättchen, doch kann mit Sicherheit angenommen werden, daß schon sehr früh geschnitzte Figuren verwendet worden sind.

Bei Beginn einer Partie stand es jedem Spieler frei, seine Offiziersfiguren in Positionen zu bringen, die seiner Spielweise und seinem Wagemut am besten entsprachen. Er konnte seine Flanken stark machen oder, wenn es ihm beliebte, den König schützen oder bloßstellen. Einige einleitende Züge wurden gemacht, bevor das Spiel begann, aber nach einem kurzen Geplänkel setzte der eigentliche Kampf ein.

Bild 61 veranschaulicht ein burmesisches Schachspiel mit den Figuren in diesem Stadium des Spiels. Die Namen der Figuren und ihre Gangarten sind folgende:

1 MÍN-EYI (König) macht einen Schritt nach allen Seiten, kann aber nicht rochieren.
2 SIT-KE (General) bewegt sich in der Diagonale einen Schritt jeweils vorwärts oder rückwärts.
3 YATTAH (Streitwagen) geht geradlinig vorwärts, rückwärts oder nach einer Seite.

60 Sehr seltene, aus indischem Elfenbein geschnitzte burmesische Schachfiguren des 18. Jhs.

59 *(linke Seite)* Schachfiguren, aus indischem Elfenbein und Ebenholz geschnitzt; Ceylon, frühes 19. Jh.

4 Sɪɴ (Elefant) bewegt sich ein Feld vorwärts und zwei Felder diagonal in beiden Richtungen, schlägt aber nur in der Diagonale. Durch den Schritt vorwärts beherrscht er die weiße wie die schwarze Diagonale.

5 Mʏɪɴ (Pferd). Es hat dieselbe Gangart wie der Springer in dem mittelalterlichen Spiel.

6 Nè (Fußsoldat) geht einen Schritt in gerader Richtung vorwärts, schlägt aber diagonal nach beiden Seiten. Allein der *nè* auf der rechten Seite des Schachbretts kann zum *sit-ke* avancieren (für den Fall, daß der *sit-ke* schon geschlagen ist), aber dazu muß der *nè* bis in die letzte Reihe vordringen.

In Indien und China produzierten frühe Handwerker ungewöhnlich große Mengen von Schachspielen ausschließlich zur Befriedigung der Nachfrage aus Übersee. Ganz anders lagen die Verhältnisse in Burma: Hier wurden geschnitzte Schachspiele in einfacher Ausführung für den eigenen Gebrauch hergestellt. Ihre Fertigung war nicht kommerziell organisiert, und die wenigen Spiele, die aus dem Lande hinausgelangten, wurden von Reisenden mitgenommen, die ein Schachspiel als besondere Neuigkeit oder als Erinnerungsstück erwarben. Burmesische Schachspiele waren vor dem 18. Jh. immer aus Weichhölzern geschnitzt, dagegen wurden im 18. Jh. für einen ähnlichen Typ Harthölzer verwendet [Bilder 62 und 63]. Dabei waren die Figuren der einen Seite der hölzernen Schachspiele meistens braun gefärbt, die der anderen Seite gewöhnlich tiefschwarz.

Auch Elfenbein-Schachfiguren wurden in Burma bis zum 18. Jh. nur ganz selten angefertigt, dann aber fand indisches Elfenbein zum Schnitzen außerordentlich schöner Spiele Verwendung [Bild 60]. Die Läufer (rechte Figur in dem abgebildeten Spiel) sind durch pferdebespannte Dschagannath-

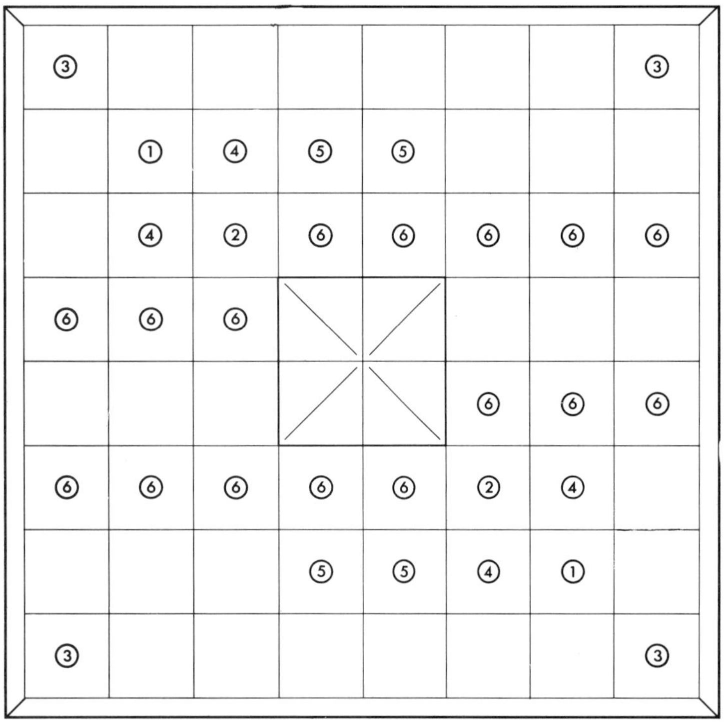

61 Schaubild des burmesischen Schachbretts mit der Figurenstellung bei Eröffnung eines Spiels (vgl. erklärenden Text)

Karren symbolisiert – höchst ungewöhnliche Symbole, die sich in frühen burmesischen Schachspielen selten finden. Üblich ist ein Tempel als Läuferfigur [Bild 64] oder ein Dschagannath-Karren ohne Pferd. Dschagannath, das Bildnis Krischnas, wurde alljährlich in einem feierlichen Umzug auf einem Karren mitgeführt, wobei Geweihte sich unter die Räder geworfen haben sollen. Diese Karren trifft man häufig in indischen, selten in burmesischen Spielen an.

Ein ganz ungewöhnliches Schachspiel zeigt Bild 65. Es wurde in Burma im letzten Viertel des 19. Jhs. aus braunem und rauchfarbenem Achat geschliffen. In der Form gleicht es vielen aus Elfenbein geschnitzten indischen Schachspielen. So sind z. B. die Läufer als Kamele dargestellt – was in Burma ganz ungebräuchlich ist –, während die Bauernfiguren in europäischen Spielen üblich sind.

Es ist de facto unmöglich, den Ursprungsort einiger besonderer alter burmesischer Schachspiele festzustellen, doch darf mit Sicherheit angenommen werden, daß die meisten in oder um Pagan entstanden sind. Im ersten Viertel des 19. Jhs.

62, 63 Figuren von zwei verschiedenen Hartholz-Schachspielen des 18. Jhs. aus Burma. Vor dieser Zeit wurden burmesische Schachspiele immer aus Weichholz geschnitzt

64 Schachfiguren aus indischem Elfenbein, die im frühen 18. Jh. in Burma geschnitzt wurden. Das Symbol des Läufers ist – wie gewöhnlich in burmesischen Schachspielen – ein Tempel

wurden Schachspiele aus indischem Elfenbein an vielen Stellen Burmas auf kommerzieller Grundlage geschnitzt. Die Art der Schnitzarbeit, die sorgfältige Behandlung des Details, dazu die hohe Vollendung im ganzen, beweisen eindeutig, daß es sich bei diesen Elfenbeinschnitzern um Chinesen handelte, die nach Burma gekommen und seßhaft geworden waren. Die Spiele [Bild 66] weisen alle dieselben charakteristischen Merkmale auf, doch gibt es bedeutende Größen- und Qualitätsunterschiede. Obwohl die schönsten den prächtigen chinesischen Spielen gleichen, sind die kleinen, weniger bedeutenden Spiele zwar nach demselben Grundmuster gemacht, aber ziemlich kunstlos aus minderwertigem Material geschnitzt und deshalb kaum bemerkenswert. Die feinsten Figuren aber zeigen höchst komplizierte und erfindungsreich geschnitzte Muster. Vögel, Blumen und Szenen aus chinesischen Märchen erscheinen auf den Schäften der größeren Figuren. Minderwertige Ausführungen im übrigen gleicher Spiele sind nur obenhin graviert. Obwohl Schachspiele dieser Art lange Zeit als herkömmlich burmesisch bezeichnet wurden, ist ihre ganze Konzeption zweifellos nicht burmesischen Ursprungs.

CHINA

Zwar behaupten die Chinesen, das Schachspiel vor mehr als 2070 Jahren während des Hansing-Feldzuges erfunden zu haben, doch ist das *hsiang chi* (der Name des chinesischen Spiels) nur eine Spielart des *shatranj*, des mittelalterlichen indischen Spiels. Mit 32 entsprechend markierten Holz- oder Elfenbeinplättchen wurde auf einem in 64 Quadrate eingeteiltem Brett gespielt. Ein Fluß oder Graben, *hoa-ki* genannt, teilt das Brett in zwei gleiche Hälften. Die beiden mittleren Felder der hinteren Reihe waren mit den beiden

65 *(unten links und rechts)* Burmesische Figuren aus braunem und rauchfarbenem Achat; Ende 19. Jh. Die Läufer sind als Kamele dargestellt, was in burmesischen Spielen höchst ungewöhnlich ist

66 Diese Schachfiguren aus indischem Elfenbein wurden im 19. Jh. in Burma für den Export geschnitzt. Der Stil läßt die chinesische Herkunft der Schnitzer erkennen

unmittelbar davor liegenden Feldern der zweiten Reihe zu einer Festung verbunden, in der sich der König und seine beiden Berater bewegen konnten. Die Figuren standen auf den Schnittpunkten der Felderbegrenzungen, nicht auf den Feldern selbst [Bild 67].

Die Namen und Gangarten der Figuren sind folgende:

A TSIANG (König oder General). Er steht in der Mitte der hinteren Reihe und bewegt sich einen Schritt in jeder Richtung, darf aber nicht über die Grenzen der Festung hinaus.

B SHÏ (Prinz oder Berater). Es gibt deren zwei. Sie stehen zu beiden Seiten des *tsiang*, haben die gleiche Gangart und die gleiche Beschränkung wie der *tsiang*.

C SIANG (Mandarin oder Elefant). Die beiden *siang* stehen unmittelbar rechts bzw. links neben den beiden *shï*. Sie machen zwei Schritte auf einmal, vorwärts oder rückwärts, können aber den Fluß nicht überschreiten.

D MA (Pferd). Auch davon gibt es zwei. Sie haben ihren Platz rechts bzw. links neben den beiden *siang*. Ihre Gangart ist genau die gleiche wie die des Springers im mittelalterlichen Schach, auch sie dürfen nicht über den Fluß hinweg.

E CH'E (Streitwagen), ebenfalls zwei Figuren. Ihre Position ist an den äußeren Ecken des Brettes neben den beiden *ma*. Sie haben dieselbe Gangart wie die Türme im mittelalterlichen Spiel und können den Fluß überqueren.

F PA'O (Mörser). Jeder der beiden *pa'o* steht vor einem der beiden *ma*, aber auf der übernächsten Linie. Die *pa'o* bewe-

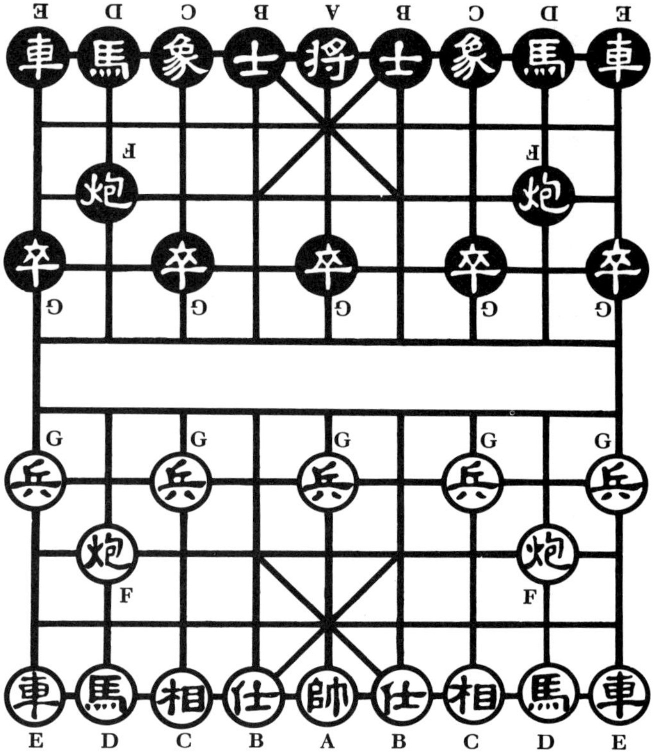

67 Schaubild des chinesischen Schachspiels *hsiang chi* mit der Figurenstellung zu Beginn eines Spiels (vgl. erklärenden Text)

gen sich über das ganze Brett hinweg, vorwärts, rückwärts und nach jeder Seite. Gelangt eine gegnerische Figur auf eine direkte Linie mit einem *pa'o*, so schlägt dieser sie, indem er sich um einen Schritt hinter die Figur setzt.

G Ping (Bauer oder Fußsoldat). Das Spiel hat fünf *ping*. Sie stehen in einer Reihe auf der dritten Linie, wie das Schema zeigt. Sie machen nur einen Schritt nach vorn, schlagen aber seitwärts. Auch den Fluß können sie überschreiten und bis auf die letzte Reihe des Gegners vorstoßen, ohne daß allerdings eine Umwandlung stattfindet.

Die Partie ist beendet, wenn alle Figuren eines Spielers geschlagen sind, wenn sein *tsiang* mattgesetzt ist oder das Spiel eine Pattstellung erreicht. Ewiges Schach trat bei diesem Spiel nicht auf.

Ein chinesisches Schachspiel (*hsiang chi*), hier ohne Brett, ist in Bild 89 zu sehen. In die aus indischem Elfenbein gedrechselten Steine sind Schriftzeichen schlicht, aber zierlich eingeschnitten. Die Figuren der einen Seite sind rot, die der anderen tiefblau gefärbt. Vom Ende des 18. Jhs. an bis weit in das 19. Jh. hinein wurden in China zahllose geschnitzte Schachspiele ausschließlich für den westlichen Markt produziert. Tausende von Spielen schnitzten Handwerker in und um Kanton, in Französisch-Indochina und in Makao. Außer den Spielen aus der portugiesischen Kolonie Makao glichen sich alle im Muster, waren aber unterschiedlich in Größe und Qualität. Überhaupt sahen sich alle geschnitzten chinesischen Schachspiele des 19. Jhs. sehr ähnlich, doch gab es in der Qualität ganz markante Unterschiede: Große, repräsentative Spiele sind beinahe vollendet, während kleine und unbedeutendere Spiele aus dem minderwertigeren Elfenbein vom oberen (offenen) Zahnende geschnitzt waren. Alle für den europäischen Markt bestimmten chinesischen Schachspiele zeigten viele Gemeinsamkeiten, aber da sie auf verschiedene Weise montiert waren, können wir letztlich vier Typen unterscheiden.

Ein Typ kann als der schönste von allen gelten. Er war kraftvoll geschnitzt, gut ausgewogen und meisterhaft im letzten Schliff. Alle 32 Figuren des Spiels hatten eine schwere achteckige Basis, wobei Figur und Basis aus einem Stück geschnitzt waren. In die Oberflächen der Basen waren Vögel, Blumen, Tiere oder Szenen aus chinesischen Märchen tief eingeschnitten. Ganz abgesehen von der perfekten Handwerkskunst und Oberflächenbehandlung waren die Schachspiele dieses Typs bedeutend kräftiger als die auf Kugeln oder Rosetten montierten Typen.

Von den chinesischen Schachspielen des 19. Jhs. ist das auf Kugeln montierte aus Kanton das am weitesten verbreitete. Jede Figur ist oben auf eine geschnitzte, durchbrochene Kugel gesetzt, die ihrerseits auf einem geschnitzten kreisrunden Fuß steht. Das größte und eindrucksvollste Spiel dieses Typs wurde, wie es heißt, im 19. Jh. für Kaiser Tao Kwang gearbeitet. Sein König hatte eine Höhe von über 30 cm. Die Könige und Damen waren auf Kugeln montiert, die im Innern sieben weitere Kugeln enthielten. Die Läufer, Springer und Türme standen auf Kugeln mit sechs und die Bauern auf Kugeln mit fünf inneren Kugeln.

68 Schachfiguren aus indischem Elfenbein, wie sie während der ersten Hälfte des 19. Jhs. in China für den Export in die westlichen Länder produziert wurden. Im späteren Jahrhundert fiel die Qualität dieser Spiele wesentlich ab, in den früheren Spielen jedoch waren die Kugelsockel hervorragend geschnitzt

Die chinesischen Schachfiguren, die Bild 68 zeigt, gehören zu dem Typ, der in Kanton im frühen 19. Jh. aus Elfenbein geschnitzt wurde. Die ältesten Versionen dieses Typs, soweit sie vor 1850 entstanden, waren immer von bester Qualität, aber die aus den letzten Jahrzehnten des Jahrhunderts, für die es bereits einen festen Markt gab, lassen eine erhebliche Verschlechterung der handwerklichen Bearbeitung erkennen. Kugeluntersätze für große Figuren sind oft außergewöhnlich kunstvoll gearbeitet; ihre Oberfläche ist überher mit minutiösen Schnitzereien von Vögeln, Tieren, Blumen oder Insekten verziert. Jede Kugel enthält bis zu sieben immer kleiner werdende Kugeln, alle geschnitzt und durchbrochen. Die konzentrischen Kugeln der Kantoner Figuren wurden aus indischem Elfenbein geschnitzt. Diese Arbeit ist zwar langwierig und ermüdend, aber für einen geübten Handwerker nicht allzu schwierig. Ein massives Stück Elfenbein wird auf der Drehbank auf die gewünschte Größe gebracht und in Kugelform gedreht. Dann wird die Kugel mittels eines spitzen Bohrers von sich entsprechenden Punkten zum Mittelpunkt hin mit Bohrlöchern versehen, durch die hindurch der Handwerker die nächstinnere Kugel herausarbeitet. Dann macht er sich an die nächste Kugel und setzt diesen Prozeß fort, bis alle Kugeln frei sind. Natürlich werden für diese Arbeit besonders geformte Werkzeuge benötigt.

Die chinesischen Schachspiele für den europäischen Markt hatten vorwiegend drei Themen: Chinesen gegen Mongolen, Chinesen gegen eine von einem Engländer geführte Streitmacht, Chinesen gegen einen von Napoleon geführten Feind. Von den Königen und Damen abgesehen, waren die Figuren auf beiden Seiten mehr oder weniger dieselben. Für England bestimmte Spiele hatten einen englischen König und eine englische Königin auf der weißen Seite, bei den für Frankreich vorgesehenen Spielen waren es Napoleon und Josephine. Das wahrscheinlich schönste und eindrucksvollste dieses auf Kugeln montierten Kantoner Typs zeigt Bild 69. Es nimmt einen Ehrenplatz im British House of Commons ein und stellt eines der größten und imposantesten Spiele seiner Art dar. Das ganze Spiel ist aus indischem Elfenbein geschnitzt, die Figuren der einen Seite sind karmesinrot gefärbt.

Bei weniger spektakulären, aber oft viel kompakteren chinesischen Spielen ist jede Figur auf eine Rosette montiert. Das erhöhte nicht allein die Standfestigkeit der Figur, es vergrößerte auch ihre Höhe und verwandelte an sich unbedeutende figürliche Darstellungen in beachtliche Schachspiele. Andere Typen wurden mit schmucklosen, flachen Füßen versehen und die Figuren mit Fuß aus einem Stück geschnitzt. Besonders schöne Spiele dieses Typs entstanden in Französisch-Indochina; Dame und König des weißen Figurensatzes sind immer Persönlichkeiten der europäischen Geschichte. Diese Figuren sind ein wenig unscheinbar und auch weniger gut ausgearbeitet als die aus Kanton, trotzdem sind sie viel feiner. Die Springer sind als Krieger dargestellt, die auf sich bäumenden Pferden sitzen, und die Bauern der einen Seite tragen Musketen.

Wahrscheinlich die seltensten, sicher aber die ungewöhnlichsten unter allen chinesischen Schachspielen sind die mit Rattenfiguren aus den letzten Jahren des 18. Jhs. Es ist bekannt, daß einige sehr schöne Spiele dieser Art noch existieren, doch wurden sie nicht für den Handel produziert. Vielmehr scheint es, daß alle von ein und demselben brillanten Kunsthandwerker stammen. Die Ratten treten in den verschiedensten Stellungen auf, und es ist viel Bewegung in den Figuren [Bild 70]. Die eingesetzten Äuglein aus Rubin und Bernstein geben den Ratten ein äußerst lebendiges Aussehen. Die Figuren sind meisterhaft aus indischem Elfenbein geschnitzt und die der einen Seite, die hellbraun gefärbt sind, mit dekorativen Gravuren versehen.

Koralle, in den Farben Rot, Gelb oder Weiß, kann sowohl porös und rauh sein als auch fest und glatt. Glatte Koralle ist immer als Material für feine Schmuck- und Figurenschnitzerei hoch geschätzt worden, doch ist sie schwer zu bearbeiten und zu polieren.

Ein komplettes Schachspiel aus diesem wundervollen Material findet man nur selten, aber einen Teil eines solchen Spiels, eine meisterliche Schnitzarbeit aus roter und weißer Koralle, zeigt Bild 71. Es stammt aus dem frühen 19. Jh.

69 Sehr feines Schachspiel aus Kanton, eine Schnitzarbeit aus indischem Elfenbein von außergewöhnlicher Qualität; jetzt im Schachraum des British House of Commons

70 Figuren aus einem der seltenen Ratten-Schachspiele; China, 18. Jh.

71 Seltene chinesische Schachfiguren des 19. Jhs., aus roter Koralle geschnitzt; die andere Spielpartei ist aus weißer Koralle

Um dieselbe Zeit entstanden in Singapur und den Straits Settlements sehr hübsche kleine Schachfiguren aus Holz, die aufs sorgfältigste bemalt waren. Aber abgesehen davon, daß sie aus Holz geschnitzt waren, blieben sie ohne nennenswerte Bedeutung.

Obwohl portugiesische Händler sich schon im Laufe des 16. Jhs. in China niedergelassen hatten, nahmen sie die Herstellung von Schachfiguren erst sehr spät im 18. Jh. in ihr Programm auf. Von chinesischen Handwerkern, die in und in der Umgebung der portugiesischen Niederlassung Makao arbeiteten, wurden im frühen 19. Jh. große Mengen ausgezeichneter Schachspiele hergestellt. Es ist durchaus möglich, daß portugiesische Siedler im Anfang einen bestimmten Figurentypus für ihren eigenen Gebrauch geschaffen haben, doch ist es wahrscheinlicher, daß chinesische Handwerker den Portugiesen die kommerziellen Möglichkeiten eines Schachspiels, das sowohl reizvoll als auch wirtschaftlich war, klarzumachen vermochten. In Bild 72 sind typische Makao-Figuren zu sehen; Sinnbilder menschlicher Köpfe oder Büsten krönen Figuren vom burmesischen Typ, wie sie für den Export gefertigt wurden. Die weißen Figuren sind immer als Europäer dargestellt, und die Könige und Damen, die allgemein als Repräsentanten des portugiesischen Königshauses galten, sind in Wirklichkeit englische Persönlichkeiten. Dieser Irrtum ist darauf zurückzuführen, daß die weißen Bauern Helme trugen wie die portugiesische Infanterie im 16. Jh. Fast immer ist ein Union Jack in die Flaggen auf den weißen Türmen eingeschnitten. Soweit festgestellt werden kann, wurden Schachspiele dieses Typs bisher nicht in Portugal aufgefunden. Die Mehrzahl aller in Makao und den angrenzenden Bezirken produzierten Schachspiele wurde nach England exportiert. Die Basen und Schäfte der Figuren

72 Figuren eines Schachspiels aus dem 19. Jh., das von einem chinesischen Handwerker in Makao für den westlichen Markt geschnitzt wurde. Die Mehrzahl der Spiele dieser Art wurden nach England exportiert; die Flagge auf dem Turm ist zumeist der Union Jack

unterscheiden sich nicht von denen, die in Burma auf kommerzieller Grundlage geschnitzt wurden, und tatsächlich sind die Basen, Schäfte und Türme dieser burmesischen Schachspiele dieselben wie die der in Makao und Französisch-Indochina hergestellten Spiele.

INDIEN

Weder vollständige noch unvollständige Schachspiele des alten indischen Spiels *chaturanga* haben sich erhalten. Man darf aber mit Sicherheit annehmen, daß hierfür vornehmlich Plättchen mit entsprechender Markierung verwendet wurden. Alle dekorativen indischen Schachspiele, die in Reichweite der Sammler kommen, sind – von wenigen Ausnahmen abgesehen – während eines Zeitraums von knapp 80 Jahren entstanden, vom letzten Viertel des 18. Jhs. bis um die Mitte des 19. Jhs. Das soll nicht heißen, daß nicht schon vor dem 18. Jh. wertvolle Schachspiele angefertigt worden wären. Es gibt vielmehr einen sicheren Beweis dafür, daß der siamesische Gesandte im Jahre 1686 Ludwig XIV. ein geschnitztes indisches Schachspiel überreichte.

Die Schachspiele aus der Zeit, die uns hier besonders interessiert, weisen in Entwurf und Qualität erhebliche Unterschiede auf. Sie reichen von hervorragend geschnitzten und aufs schönste verzierten Schachspielen eines so bedeutenden Meisters wie Yakymour bis zu grob bearbeiteten Figuren ungelernter einheimischer Schnitzer. Das im Osten hochgeschätzte Elfenbein wurde für Schachspiele verwendet, die zu den besten überhaupt gehören. Bei weitem beliebtestes Thema waren die Konflikte zwischen der alten Englischen Ostindien-Kompanie und den einheimischen Herrschern. Die Ostindien-Kompanie, im Jahre 1600 von Elisabeth I. gegründet, vermochte 1613 in Indien festen Fuß zu

73 Dieses zierlich geschnitzte Boot stellt eine typische Turmfigur eines in Delhi angefertigten Spiels vom John-Typ dar

74 Je ein Bauer der beiden Gegenparteien – John-Partei und Eingeborenen-Partei – eines hübschen Schachspiels aus Delhi; 18. Jh.

fassen und beschaffte sich vom Großmogul eine Charta von Privilegien. Die Kompanie erlitt dann unter der Regierung Karls I. schwere Verluste und sah sich gezwungen, eine Anleihe für ein neues Stammkapital aufzunehmen. Der Freibrief für das Monopol des Indienhandels wurde für drei Jahre außer Kraft gesetzt, aber dann wieder erneuert, das Kapital betrug jetzt 370 000 £. Hinfort vermehrte sich das Vermögen der Gesellschaft, und nach 1662, als Bombay unter ihren Einfluß gekommen war, wurden große Fortschritte erzielt. Bombay wurde ein bedeutender Handelshafen, und alles entwickelte sich zum besten, bis Frankreich versuchte, Einfluß in Indien zu gewinnen. Ein heftiger Kampf um die Vorherrschaft entbrannte, doch erzwang Clive schließlich den Sieg für England. Nach 1765 kam die Kompanie in den Besitz von Bengal, Behar und Orissa und schließlich noch von Madras. Von da an war die englische Herrschaft unbestritten, die allerdings von den einheimischen Fürsten streitig gemacht wurde. Nach dem Aufstand von 1857 wurde die Ostindien-Kompanie familiär *John-Company* genannt.

Dieser langwierige Kampf zwischen der Kompanie und den einheimischen Herrschern ist oft in den Figuren reizvoller indischer Schachspiele dargestellt worden. Tafel XIX zeigt ein besonders schönes Beispiel, das in Delhi gegen Ende des 18. Jhs. geschnitzt wurde. Allen „John"-Schachspielen liegt das gleiche Thema zugrunde, doch finden sich verschiedene Abweichungen in der Auffassung. Die Hauptunterschiede weisen die Figuren der Läufer und Türme auf. Die Läufer sind gewöhnlich durch Kamel reitende Soldaten dargestellt, manchmal aber auch durch Streitwagen oder Dschaggannath-Karren, dann wieder durch Tiger oder Ochsen und auch durch Rhinozerosse. Die Türme sind zumeist runde Festungstürme, auf denen sich ein Soldat mit einer Flagge befindet, oder aber Schiffe.

Figuren eines anderen Schachspiels aus Delhi, das etwa zur gleichen Zeit aus indischem Elfenbein geschnitzt wurde, stellen das dar, was gewöhnlich als „traditionelles Delhi-Schachspiel vom John-Typ" bezeichnet wird: Elefanten (König und Berater), Streitwagen (Läufer der John-Partei),

Dschagganath-Karren (Läufer der Eingeborenen-Partei), Reiter auf Pferden (Springer der John-Partei), Reiter auf Kamelen (Springer der Eingeborenen-Partei), Schiffe (Türme beider Parteien) und Fußsoldaten (Bauern beider Parteien) [Bilder 73, 74, 75]. Solche Schachspiele aus Delhi sind immer tadellos geschnitzt und bearbeitet. Die Füße der einen Seite sind immer rot, grün, schwarz oder braun gefärbt, während die Figuren selbst in Naturfarbe belassen sind.

Diese hervorragenden Schachspiele wurden ausdrücklich als Erinnerungs- oder Dedikationsspiele angefertigt. Zum Spielen sind sie zu bizarr, denn einige Offiziersfiguren würden ein Feld von mehr als zehn mal zehn Zentimetern erfordern. Dagegen würden die Bauern geradezu lächerlich klein wirken und von den Offizieren völlig erdrückt werden. Vielleicht die spektakulärsten, sicher aber die seltsamsten unter allen indischen Schachfiguren wurden gegen Ende des 18. Jhs. in und um Madras hergestellt. Tafel XX zeigt ein

75 Dieser Streitwagen ist das herkömmliche Symbol für den Läufer der John-Partei in einem Schachspiel aus Delhi. Die Läufer der Eingeborenen-Partei sind durch Dschagannath-Karren dargestellt

XVIII *(rechte Seite)* Reizvolle bengalische Schachfiguren aus indischem Elfenbein; Ende 18. Jh. Schachfiguren aus Bengalen sind kleiner und weniger geschmückt als Schachspiele aus Delhi

solches bezauberndes Schachspiel, eine Schnitzarbeit aus indischem Elfenbein, fein bemalt und reich vergoldet. Madras-Schachfiguren sind nicht aus einem Stück gearbeitet, sie wurden roh aus kleinen Elfenbeinteilen geschnitzt, die dann miteinander verkittet wurden. Sogar aus Hartholz- und Elfenbeinteilen zusammengesetzte Figuren findet man nicht selten. Die Figürchen auf den Elefantenrücken, die Baldachine, Bauernköpfe und Waffen – das sind alles einzeln geschnitzte Teile. Diese Schachspiele haben durchweg den Konflikt zwischen der Ostindien-Kompanie und den einheimischen Fürsten zum Thema. Wenn beide Seiten eines Schachspiels bemalt sind, ist ihre Farbe Rot oder Grün mit schwarzen Linien und weißen Pünktchen. Ist dagegen nur eine Seite bemalt, dann ist sie entweder rot oder grün; die Figuren der anderen Seite sind mit einem Klarlack überzogen, mit Goldtüpfelchen bedeckt und mit roten Linien abgesetzt. Amüsante Besonderheiten der Schachspiele von Madras sind die Zubehörteile: Kanonen und Leitern, die von den Elefanten getragen werden, Musikinstrumente einschließlich Trommeln und das seltsame Waffensortiment, mit dem jede Figur ausgestattet ist. Diese Madras-Schachspiele üben eine starke Anziehungskraft auf den Sammler aus, die sie vielleicht als die begehrenswertesten aller indischen Schachspiele ansehen.

Zahllose Schachspiele entstanden in Indien in einem Herstellungsverfahren, bei dem Drechseln und Schnitzen kombiniert wurden. Die Figuren wurden auf der Bank in die passende Form gebracht und dann vom Schnitzer vollendet. Es gibt aber auch Spiele, die wie geschnitzt aussehen, aber vollständig gedrechselt sind. Gewisse Grundtypen indischer Schachfiguren wurden zwischen 1800 und 1850 in und um Delhi in Riesenmengen für den Export produziert [Bilder 76–79]. Von jedem Typ gibt es verschiedene Größen, wobei die Qualität des Materials und der handwerklichen Fertigung der Größe der Figuren entspricht. Große Figuren von über 12 cm sind meisterhaft und aus wertvollem Elfenbein gedrechselt, während kleinere Figuren unter Verwendung minderen Materials weniger gut gearbeitet sind. In einigen Spielen bestehen die Figuren der einen Seite aus Sandelholz

XVIII

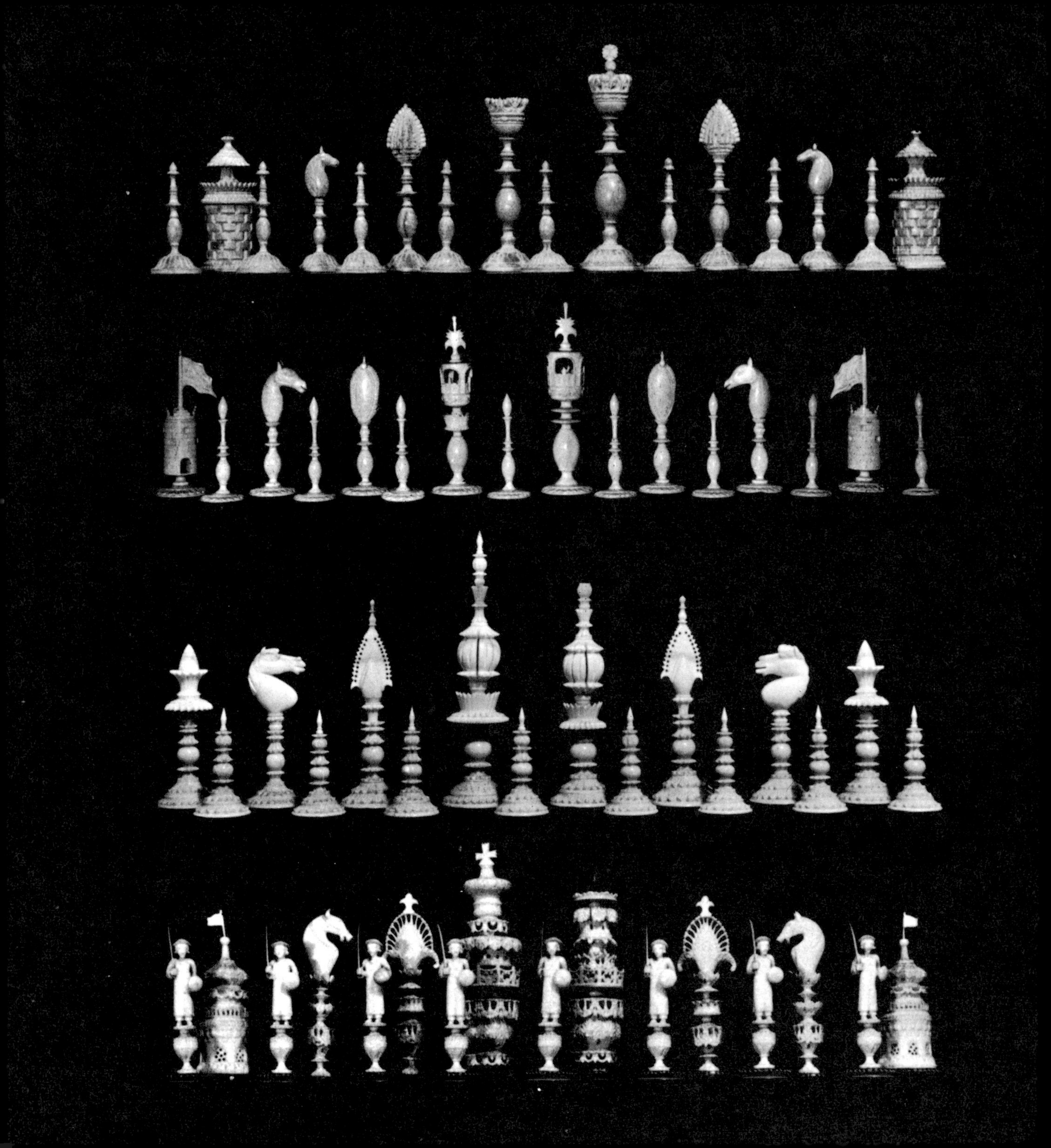

oder Horn [Bild 76]. Beide Seiten der Spiele in Bild 77 und 78 sind aus Elfenbein gedrechselt, die Figuren der einen Seite sind rot, grün, schwarz oder braun gefärbt.

Die kunstvollsten und sicherlich hervorragendsten Schachfiguren, die je gedrechselt und geschnitzt wurden, entstanden gegen Ende des 18. Jhs. in Kaschmir. Die Schnitzereien an den großen Figuren gleichen Spitzenmustern. Die Bauern stellen Fußsoldaten der Ostindien-Kompanie dar [Bild 79], doch abgesehen von den Bauern sind die Figuren der Kaschmir-Spiele auf beiden Seiten gleich, lediglich die Füße der einen Seite sind grün, rot oder tiefbraun gefärbt. Kaschmir-Spiele von guter Qualität mit Königen von 16,5 cm Höhe zählen zu den schönsten indischen Schachspielen.

Schachspiele aus Bengalen ähneln in mancher Beziehung den John-Spielen aus Delhi, sind jedoch kleiner und weniger verziert. Durchweg sorgfältig aus indischem Elfenbein geschnitzt, sind sie sparsam in Grün und Rosa bemalt. Die Türme erscheinen als Schiffe mit Bogenschützen-Wächtern, die beiden Seiten stellen die Ostindien-Kompanie und einheimische Streitkräfte dar.

In den hochwertigsten indischen Schachspielen sind nicht immer menschliche Figuren vertreten. So zeigt Bild 80 ein wundervoll geschnitztes Spiel aus Kaschmir, das sich von den meisten anderen dadurch unterscheidet, daß überhaupt jede figürliche Darstellung fehlt. Die reich verzierten Bauern dieses Spiels halten jeden Vergleich mit den Fußsoldaten in Bild 79 aus.

In anderen Schachspielen des frühen 18. Jhs. werden zwar Menschen dargestellt, jedoch keine Europäer. Die Türme erscheinen auch hier als Schiffe. Sie wurden in und um Delhi aus Elfenbein in einem Stück geschnitzt und inspirierten möglicherweise die weitaus kunstvolleren John-Spiele gegen Ende des Jahrhunderts.

Ein Schachspiel, das im letzten Viertel des 18. Jhs. in Nepal aus indischem Elfenbein geschnitzt wurde [Bild 82], unterscheidet sich in einigen wesentlichen Belangen von seinem Gegenstück aus Delhi. Zwar gleichen Qualität und handwerkliche Ausarbeitung denen des Spiels aus Delhi, doch sind die Figuren im ganzen weniger verziert, und ihr Grö-

80 Dieses bezaubernde Spiel aus Kaschmir enthält im Gegensatz zu den meisten indischen Schachspielen keine menschliche Darstellungen

76–79 *(linke Seite)* Verschiedene Grundtypen von Schachspielen wurden in Delhi in der ersten Hälfte des 19. Jhs. für den Export hergestellt. Bei dem Typ im oberen Bild besteht die eine Spielpartei aus Elfenbein, die andere aus Sandelholz oder Horn; bei den beiden mittleren Spielen sind beide Seiten aus Elfenbein, wobei die eine gefärbt ist. Die reizvollsten und künstlerischsten Spiele wurden in Kaschmir hergestellt, wie die zierliche Schnitzerei in den Figuren der unteren Abbildung beweist

XIX *(nächste Seite)* Feines John-Schachspiel aus indischem Elfenbein mit bemalten Figuren beider Spielparteien; Delhi, spätes 18. Jh.

XX *(übernächste Seite)* In Madras geschnitztes Spiel, indisches Elfenbein, reizend bemalt und üppig vergoldet. Schachfiguren aus Madras sind aus Elfenbeinstücken geschnitzt, die miteinander verkittet sind. Die Figuren auf den Elefantensitzen, die Köpfe der Bauern und die Waffen sind Einzelstücke

XIX

X

81 Schachspiel vom Büsten-Typ aus Delhi: Sir Colin Campbell und Nana Sahib als Könige der gegnerischen Spielparteien

82 Schachfiguren aus Nepal ähneln denen aus Delhi, sind aber weniger verziert. Der Wesir ist als Krieger zu Pferd dargestellt

ßenverhältnis zueinander ist nicht so gut. In diesem und in ähnlichen Spielen ist der Wesir (entspricht unserer Dame) als Krieger zu Pferde dargestellt. Kleine und weniger bedeutende Schachspiele vom Büsten-Typ wurden in Nepal im ersten Viertel des 19. Jhs. geschnitzt. In ihnen sind die Figuren der einen Seite in der Regel aus Horn.

Im letzten Viertel des 19. Jhs. wurden in und um Delhi von hervorragenden Elfenbeinschnitzern Schachspiele vom Büsten-Typ gearbeitet. In einem sehr eindrucksvollen Spiel, das durch die indische Erhebung von 1857 inspiriert wurde, sind Sir Collin Campbell und Nana Sahib als gegnerische Könige porträtiert [Bild 81]. Wie bei den indischen Büstenfiguren üblich, sind die Füße der eine Seite schwarz gefärbt, die Figuren selbst aber in poliertem naturfarbenem Elfenbein belassen.

Schon früh im 18. Jh. wurden im Gebiet von Madras Schachfiguren aus Messing und Bronze gehämmert und gegossen. Bei einem interessanten aus Bronze gefertigten Spiel aus Madras, das keinesfalls nach Anfang des 18. Jhs. datiert, haben die Figuren auf den ersten Blick entfernte Ähnlichkeit mit den aus Madras stammenden elfenbeingeschnitzten Spielen des späten 18. Jhs. Aber es gibt doch einen sehr wesentlichen Unterschied: Es sind keine Europäer dargestellt; beide Seiten des Spiels repräsentieren indische Streitkräfte. Dieses Spiel wurde ohne Zweifel für den täglichen Gebrauch gemacht, denn es ist grob gearbeitet und die Oberflächenbehandlung ist ohne Feinheiten. Zum Spielen ist es jedoch besonders gut geeignet: Die Figuren sind leicht zu unterscheiden und außerdem sehr stabil.

Hier haben wir ein Schachspiel vor uns, das nach der Me-

thode der „verlorenen Wachsform“ gegossen ist. Es ist dies eine sehr alte Gußtechnik, einfach, aber aufwendig. Zu Beginn wird in der gewünschten Form und Größe ein Wachsmodell ausgeführt und dann als Kern mit Gips umhüllt. So entsteht die Gußform. Nach dem Trocknen der Form wird das Wachs geschmolzen und läuft durch eine in der Form belassene Öffnung ab. Geschmolzenes Messing oder welches Metall auch immer wird nun in die Form gegossen, wo es erkaltet. Nach dem Erhärten gibt es nur eine Möglichkeit, das Gußstück aus der Form herauszubekommen: Man muß sie zerschlagen. Da also die Form jedesmal zerbrochen wird, wenn eine Figur gegossen ist, und das Wachs ausgeschmolzen wird, wenn die Gußform fertig ist, kann von jedem Wachsmodell nur eine einzige Figur gegossen werden. Dieses Verfahren leitet seinen Namen von der Tatsache her, daß die Wachsform tatsächlich „verloren“ ist. Die so entstehenden Metallfiguren waren Rohgüsse, sie wurden dann gefeilt und geschliffen, um alle Unebenheiten zu beseitigen und die Details einwandfrei herauszuholen.

Beide Seiten dieses Spiels sind in leuchtenden Farben emailliert, die eine Seite mit überwiegendem Blau, die andere mit überwiegendem Rot. Alle Gesichter, Hände und jegliches Zubehör sind in ihren natürlichen Farbtönen ausgeführt, wo nötig, ist das reine Metall poliert. Das Spiel ist kein Unikum, doch sicher gehört es zu den ältesten Metall-Schachspielen aus Madras [Tafel XXIII].

Indien tat sich in der Produktion von Halbedelstein-Schachspielen nicht hervor. Zwar wurde im frühen 19. Jh. eine gewisse Anzahl von Spielen geschaffen, aber sie waren von einfacher Form und ohne den letzten Schliff.

XXI *(nächste Seite)* Sehr seltene mongolische Schachfiguren, Holzschnitzerei aus dem Anfang des 20. Jhs.

83 Zauberhafte Schachfiguren aus Dschaipur; sie sind aus Gold gearbeitet, emailliert und mit Edelsteinen besetzt

Jedenfalls wurden aber im 19. Jh. kleine, juwelenbesetzte Schachspiele aus Gold und Silber gearbeitet. Ein über jedes Lob erhabenes indisches Schachspiel ist aus Dschaipurgold gefertigt, meisterhaft emailliert und mit Juwelen besetzt [Bild 83]. Aus dem ganzen, bezaubernden Schachspiel spricht die große Kunst des Goldschmieds. Unter dem Fuß jeder Figur ist eine hochglänzend polierte Edelsteinplatte befestigt, damit die Figuren sich beim Spiel leicht ziehen lassen und keinen weiteren Gleitschutz benötigen.

Auch jetzt noch werden in Indien hervorragende Schach-

84 Japanische *shogi*-Figuren aus indischem Elfenbein; 18. Jh.

spiele hergestellt, die, abgesehen von billigeren Kopien früherer Delhi-Figuren, größtenteils vom Büsten-Typ sind. Dabei wird die üppige Mythologie Indiens in verschiedenen Stilformen dargestellt. Schnitzerei und Oberflächenbearbeitung dieser Spiele sind ausgezeichnet, da sie aber in Massen für die Ausfuhr hergestellt werden, fehlt die sorgfältige Ausarbeitung des Details.

JAPAN

Shogi, das japanische Schach, eine Variante des *shatranj*, wurde in Japan mehr oder weniger unverändert 700 Jahre lang gespielt. Es kam – wahrscheinlich über Korea – irgendwann im 3. Jh. nach Japan und erfreut sich noch heute größter Beliebtheit. Während der letzten 25 Jahre gewann *shogi* sogar in den USA zahlreiche Freunde und verbreitet sich langsam auch in Europa. *Shogi*-Figuren sind flache Täfelchen von länglicher, fünfeckiger Form, die nach oben schmaler werden. Ihre Bedeutung ist mit Schriftzeichen in die Oberfläche eingeschnitten, während bei Steinen, die in einen höheren Rang umgewandelt werden können, dieser Rang auf der Rückseite angegeben ist. Nach der Umwandlung wird der Stein dann mit der Rückseite nach oben gekehrt. Während des Spiels liegen die Steine flach auf dem Brett, die Spitzen zum Gegner gerichtet. *Shogi*-Steine haben immer die gleiche Gestalt, weisen jedoch eine sehr unterschiedliche Qualitätsskala auf, die von roh bearbeiteten und beschrifteten Täfelchen bis zu vollendet ausgeführten, glänzend polierten und mit wundervollen Schriftzeichen eingeschnittenen Täfelchen reicht [Bild 84].

XXII *(nächste Seite)* Seltene mongolische Schachfiguren, um 1750 aus Holz geschnitzt

XXIII *(übernächste Seite)* Bronze-Schachspiel aus Madras, frühes 19. Jh. Im Gegensatz zu späteren Schachspielen stellen diese Figuren ausnahmslos indische Streitkräfte dar

II

XIII

Japanische Handwerker von heute wissen die große Nachfrage nach attraktiven Schachspielen wohl zu nutzen und haben seit Ende des Zweiten Weltkriegs schöne Schachspiele aus Halbedelsteinen hergestellt. Als Material dienten ihnen kontrastierende Steine aus aller Welt, einschließlich Jade, Tigerauge und verschiedener Quarze. Ein Schachspiel aus afrikanischem Jade und brasilianischem Rosenquarz zeigt Tafel XXIV. Die Oberflächenbearbeitung aller Spiele gleicht der der besten alten Jadespiele.

Abgesehen von modernen Halbedelstein-Spielen werden in Japan heutzutage auch vorzüglich geschnitzte Elfenbein-Schachspiele verschiedener Größe hergestellt. Die kleinsten sind etwa 7 cm hoch, bei den größten sind die Könige bis zu 25 cm groß. Obwohl diese Spiele in jeder Hinsicht tadellos gearbeitet und in eigenen Schachbrettkästen mit gepolsterten Fächern geliefert werden, haben sie wenig ästhetischen Reiz.

WEITERE ÖSTLICHE LÄNDER

Herkömmliche Schachfiguren zum Spielen wurden in Java schon früh aus Holz angefertigt. Das javanische Schach ist indischen Ursprungs und heißt *chatur*. Die Namen der Figuren sind: *ratu* (König), *pateh* (Minister – Dame), zwei *prahu* (Türme), zwei *mantri* (Läufer), zwei *jãran* (Springer), acht *bidak* (Bauern). Diese 16 Steine bilden die eine Seite des Spiels, das auf dem üblichen Brett mit 64 Feldern gespielt wird; allerdings war in dem ursprünglichen Spiel der Platz des Königs links von der Dame (*pateh*), er stand also der gegnerischen Dame gegenüber. Die Gangarten waren ähnlich wie im modernen Schach, doch konnte der König beim ersten Zug, und wenn nicht Schach geboten war, zwei Felder vorrücken. Ein Bauer, der die erste Reihe der gegnerischen Figuren erreichte, mußte zunächst drei Felder schräg zurück, bevor er in eine Dame umgewandelt werden konnte, es sei denn, er gelangte auf das Feld eines gegnerischen Turms, wo er sich sofort in eine Dame verwandelte. Die Rochade war möglich, vorausgesetzt, daß dem König nicht Schach geboten war. Sie wurde aber in zwei Etappen ausgeführt: Zunächst wurde ein Turm neben den König gebracht, über den der König dann in einem späteren Zug hinweggesetzt wurde. Eine Figur oder ein Bauer hatte stets bis zur Beendigung des Spiels auf dem Brett zu bleiben; verblieb allein ein König übrig, galt die Partie als patt; der Gegner hatte gewonnen, wenn er noch einige Figuren besaß.

Um die Mitte des 19. Jhs. wurden sehr eindrucksvolle Schachspiele in geschnitztem und bemaltem Bambus ausgeführt. Die Könige, Damen, Läufer und Bauern waren menschliche Zerrbilder mit langen, vorstehenden Schnauzen und fliehenden Kinnen. Könige und Läufer hatten zwei Augenpaare, eins nach vorn, das andere nach hinten gerichtet. Die Springer bestanden aus Pferdeköpfen auf menschlichen Rümpfen, die Türme aus Elefantenköpfen auf ähnlichen Körpern. Könige, Damen, Läufer und Bauern waren Ganzfiguren, Springer und Türme dagegen Halbfiguren, die in Rumpfmitte endeten und deren Füße in einem Fuß zusammenliefen. Diese interessanten Bambusfiguren waren von geübten Händen geschnitzt, in leuchtenden Farben – Rosa, Weiß, Blaßgelb, Rot – bemalt und mit Silber verziert.

Von Ceylon ist über das Schachspiel in alten Zeiten sehr wenig bekannt, sicher wurde das mittelalterliche Spiel (*shatranj*) viele Jahrhunderte lang gespielt. Zweifelhaft ist, ob vor dem 19. Jh. Figuren von einigem künstlerischen Wert geschnitzt wurden, wie hier überhaupt sehr wenige Spiele entstanden sind. Ein außergewöhnliches Spiel aus dem frühen 19. Jh. stellt eine vollendete Arbeit aus indischem Elfenbein und Ebenholz dar. Die Figuren beider Seiten sind identisch. Die Könige sind als Buddhas (Wesen, die die höchste Stufe der Erleuchtung erreicht haben) dargestellt, die Damen als Jünger im Zustand des *nirwana* (Zustand der höchsten Vollendung, in welchem alle Wünsche, Leidenschaften und Ruhelosigkeit ausgelöscht sind) [Bild 59].

In Kambodscha wurde Schach 500 Jahre lang mit einfachen aber gut ausgeführten Figuren gespielt. Schachfiguren aus Kambodscha halten sich alle an denselben Grundentwurf: Sie sind klein, kompakt und ganz zweckbestimmt. Könige, Damen, Läufer und Türme sind schlicht gedrechselte Figuren von paarweise völlig gleicher Gestalt. Die Springer sind gut geschnitzte Pferdeköpfe (die immer mit

XXIV

dem Unterkiefer auf dem Hals sitzen), und die Bauern mal kleine, gewölbte Scheiben, mal flache Muscheln. Gewöhnlich, doch nicht immer, sind die Symbolfiguren der Dame kleiner als die anderen Offiziersfiguren – eine höchst ungewöhnliche Erscheinung, die sich nur bei Schachspielen aus Kambodscha und Siam findet.

Sehr geteilt sind die Meinungen über einige Schachspiele, die Siam zugeschrieben werden. Thailändische Altertumsforscher versichern, daß der einzige Schachspieltyp, der nachweislich in Siam ausgeführt und in den letzten 600 Jahren verwendet worden ist, einem in Kambodscha üblichen Typ sehr ähnelt. Alle Figuren sind muschelartig gedrechselt, nur der König erscheint in figürlicher Darstellung. Im Thai National Museum zu Bangkok befindet sich jedoch ein geschnitztes Schachspiel, das dem burmesischen Spiel in Bild 64 stark gleicht, obgleich dieses vielleicht von einem in Siam arbeitenden burmesischen Handwerker geschaffen wurde. Alle holz- und elfenbeingeschnitzten oder in Metall gegossenen Schachspiele, die gewöhnlich Siam zugeschrieben werden, sind mit wenigen Ausnahmen burmesischen Ursprungs. Es ist durchaus möglich, daß ein burmesischer Handwerker ein Schachspiel in Siam geschaffen hat; für die ganz frühen Spiele ist das aber unwahrscheinlich.

Vollständige in der Mongolei hergestellte Schachspiele sind äußerst selten, doch hatte Mister Schuyler van Rensaelaer Cammann aus den USA das Glück, vor etwa 25 Jahren zwei komplette Spiele aufzufinden und zu erwerben. Eins davon ist ein wundervolles, etwa Mitte des 18. Jhs. aus Holz geschnitztes Spiel aus der Äußeren Mongolei. Die außergewöhnliche Detaillierung jeder Figur, dazu die wundervolle, peinlich sorgfältige Kolorierung erheben dieses Spiel in eine Klasse für sich und sicher unter die bedeutendsten Spiele des Ostens [Tafel XXII]. Das zweite Spiel [Tafel XXI] ist viel späteren Datums. Es entstand zu Beginn unseres Jahrhunderts in der Inneren Mongolei. Wie man sieht, hat es manches mit dem älteren Spiel gemeinsam, läßt aber die reizvollen Einzelheiten und die bezaubernde Farbigkeit vermissen. Andere vollständige Schachspiele aus der Mongolei sind weder bekannt noch irgendwo erwähnt.

XXIV *(linke Seite)* Moderne japanische Halbedelstein-Schachfiguren aus afrikanischem Jade und brasilianischem Rosenquarz

FÜNFTES KAPITEL

Moderne Schachfiguren

Die ungeahnte Steigerung des Reiseverkehrs, das Anwachsen der Touristik und eine schnell um sich greifende Sammlerbewegung haben die Handwerker in aller Welt in den Nachkriegsjahren zur Herstellung neuer Schachspiele ermutigt. Nicht jeder Sammler kann die sehr hohen Preise antiker Schachspiele bezahlen, weshalb viele neue Sammler erstklassige moderne Erzeugnisse sammeln. Wie immer in solchen Fällen, suchen die Handwerker auch hier die Nachfrage zu befriedigen. So wurden nach dem Kriege zahlreiche sehr dekorative Schachspiele in vielen Ländern produziert. Viele dieser Spiele sind hervorragend, manche ganz schlecht, alles in allem aber entspricht die Durchschnittsqualität dem Preis, den ein Sammler zu zahlen bereit ist.

Etwa zwanzig verschiedene Typen von Elfenbein-Schachfiguren entstanden in Hongkong. Sie reichen von billigen kleinen Spielen aus minderwertigem Material bis zu perfekt geschnitzten und bearbeiteten Figuren mit Königen von 18 cm Höhe. Die eine Seite jedes Spiels ist hell- oder dunkelbraun gefärbt. Moderne japanische Elfenbeinfiguren haben viel gemeinsam mit denen aus Hongkong: Die Qualität ist etwa die gleiche, aber die kleinen japanischen Spiele sind ebenso gut gearbeitet wie die größten. Japanische Halbedelstein-Schachspiele lassen kaum Wünsche offen [Tafel XXIV].

Auf die gegenwärtige indische Produktion ist bereits hingewiesen worden. Die besten Spiele sind als gut zu bezeichnen, aber viele Spiele von minderer Qualität sind einfach schlecht. Auf den Philippinen ist eine umfangreiche Industrie für die Herstellung von Schachspielen aus Holz geschaffen worden,

86 Auf Haiti aus Holz geschnitzte Schachfiguren; erste Hälfte 19. Jh. Der Entwurf geht wahrscheinlich auf ein viel älteres europäisches Schachspiel zurück

85 *(linke Seite)* Zeitgenössisches Schachspiel aus Holz, auf den Philippinen geschnitzt

und hier werden von ausgebildeten Handwerkern fein geschnitzte und sorgfältig bearbeitete Schachspiele produziert [Bild 85]. Es ist nicht absolut sicher, wann das Schachspiel auf den Philippinen bekannt wurde, doch scheint es vor etwa 400 Jahren von Borneo her dorthin gelangt zu sein.

Eine Vielzahl moderner Schachspiele wurde in den letzten Jahren im Mittleren Osten und in Afrika hergestellt. Auch ein hochqualifizierter ägyptischer Schnitzer lieferte vor einigen Jahren auf besonderen Auftrag sehr eindrucksvolle Schachspiele. Die großen, kraftvoll geschnitzten Figuren waren aus bestem afrikanischem Elfenbein. Sie verraten eine reiche Erfindungsgabe und rufen Erinnerungen an das alte Ägypten wach. Verschiedene Typen von Schachspielen aus Metall wurden in Nordafrika produziert, doch sind sie zumeist kaum der Beachtung wert. Die reizvollsten afrikanischen, aus Dornholz geschnitzten Schachspiele entstanden vor etwa 150 Jahren in Lagos. Es sind bezaubernde kleine Figuren vom Büsten-Typ, in anmutigen Konturen geschnitzt und sehr liebevoll mit Naturfarben bemalt. Geschnitzte Elfenbein- und Dornholz-Schachspiele werden heute in großen Mengen in Tansania ausgeführt, reizende kleine Spiele, die sich aber – von der Größe abgesehen – in allem völlig gleichen.

Um die Nachfrage der belgischen Siedler zu befriedigen, haben Elfenbeinschnitzer im Kongo vor mehreren Jahren einfache, doch gut unterscheidbare Schachfiguren hergestellt. Sie sind sich in der Form sehr ähnlich, gut geschnitzt und bearbeitet. Diese Schachspiele vom Büsten-Typ waren nicht für den Export bestimmt, doch hat in den letzten Jahren manches Spiel seinen Weg ins Ausland gefunden.

Ganz amüsante kleine Schachspiele werden in Obervolta aus Bronze gegossen. Es sind nach allgemein gültiger Auffassung grobe Figuren, deren rauhe Oberfläche nicht geglättet ist, deren leuchtende Schmuckfarbe aber tapfer die anhaftenden Mängel zu verdecken sucht. Als Schachspiele können sie wohl nicht ernstgenommen werden, doch liefern sie einen Einblick in die Vorstellungswelt eines noch nicht entwickelten Volkes.

In Westindien sind Schachspiele seit Beginn des 19. Jhs.

gemacht worden. Meist sind sie aus Holz geschnitzt, wobei ältere deutsche und französische Spiele kopiert wurden. Ein ganz ungewöhnlicher Figurensatz, ebenfalls aus Holz geschnitzt, entstand in Haiti in der ersten Hälfte des 19. Jhs. Er stellt eine grobe, aber sehr wirkungsvolle Handarbeit dar. Wahrscheinlich leiten sich diese Figuren von vier älteren kontinentalen Schachspielen her [Bild 86].

In Südamerika sind überhaupt nur sehr wenige alte Schachspiele von einigem Reiz entstanden, doch wurden im 20. Jh. moderne Spiele hergestellt. In Mexiko hat sich im Laufe der letzten Jahre sogar eine bescheidene Industrie für die Fertigung von Schachfiguren aus Onyx entwickelt. Der hier verarbeitete Onyx wird auf ganz ungewöhnliche Farbtöne eingefärbt: auf braune, blaue, grüne, rote und korallrosa. Im Vergleich zu den Kosten stellen diese modernen Onyx-Schachspiele einen hohen Wert dar, und ein solches repräsentatives Spiel ist eine wertvolle Ergänzung jeder Sammlung. Ein interessantes Muster zeigt das Silber-Schachspiel aus Ekuador in Bild 87. Es mag in späteren Jahren vielleicht als traditionelles Spiel angesehen werden.

In den Nachkriegsjahren haben auch die meisten europäischen Länder sehr dekorative Schachspiele herausgebracht, von denen viele in früheren Kapiteln schon beschrieben sind. Die besten wurden in Deutschland von Handwerkern in Hamburg hergestellt. Es sind meisterhaft geschnitzte Elfenbein-Schachspiele in vielerlei Mustern, die in der Qualität, wenn auch nicht in der Formgebung, den besten alten deutschen Spielen gleichkommen.

In Dänemark, Österreich, Ungarn und der Schweiz ent-

87 *(oben und unten)* Figuren eines Schachspiels aus Silber; Ekuador, Anfang 20. Jh.
In Südamerika wurden schöne Schachfiguren erst in unserem Jahrhundert hergestellt

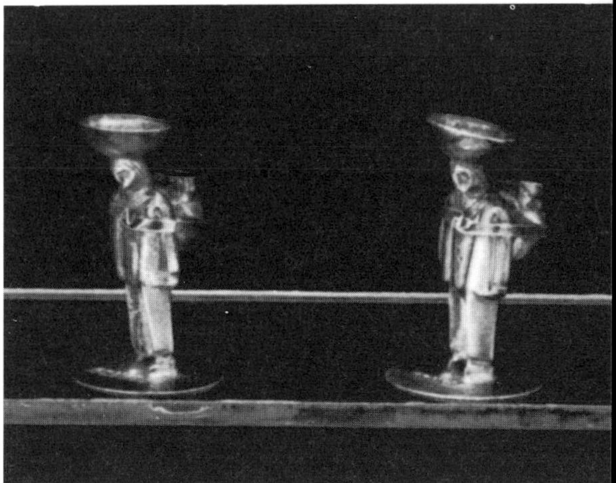

88 Schweizer Schachfiguren mit Vogel- und Tierdarstellungen, aus Birnenholz geschnitzt; einige moderne Spiele wurden aus Hartholz hergestellt

standen durchweg weniger gute Versionen eigener alter Schachspiele. Sie sind aus Weichholz geschnitzt und scheinen eher auf einen niedrigen Preis hin gearbeitet zu sein. Trotzdem sind einige der besseren Spiele durchaus für eine moderne Sammlung geeignet. Bemalte Holz-Schachspiele von feiner Qualität wurden in Italien gearbeitet, von denen die besten den älteren Holz-Schachspielen qualitativ nicht nachstehen. Während aber zu den schönsten alten Schachspielen Hartholz verwendet wurde, das heute rar und teuer ist, werden die modernen Figuren aus Weichholz geschnitzt. Ihnen fehlt der Zauber der alten Spiele, sie sind ein wenig zu minderwertig und sehen nach Fabrikware aus.

Marmor (und Kunstmarmor) diente als Werkstoff für zahlreiche Schachspiele in allen möglichen Formen und Größen, doch haben diese, von ihrer dekorativen Note abgesehen, nur geringen Wert. Spiele mit sehr elegant bearbeiteter und polierter Oberfläche wurden in östlichen Ländern aus Alabaster hergestellt. Oft wird der Alabaster gefärbt und unter allen möglichen Bezeichnungen verkauft. Durch seine lockere kristalline Struktur ist Alabaster aber sehr zerbrechlich und kein geeignetes Material für Schachfiguren.

Eins der bezauberndsten Keramik-Schachspiele der Nachkriegszeit wurde in der Fabrik von Vista Allegre in Portugal aus bestem Porzellan gebrannt. Es handelt sich um ein Spiel vom Büsten-Typ und stellt Kreuzfahrer und Sarazenen dar. Jede Büste steht auf einem kugelförmigen Sockel, der die Höhe der Figur bestimmt, aber auch für Gleichgewicht und Standfestigkeit sorgt. Die Figuren sind reizend bemalt und mit Gold abgesetzt.

Die meisten Schachfiguren vom Staunton-Typ entstanden nach dem Kriege in Frankreich, wo die Herstellung sehr ernsthaft betrieben wurde. Sie werden in verschiedenen Größen geliefert, sind nur leidlich gut bearbeitet und mit den früheren englischen Figuren nicht zu vergleichen.

Während der letzten 30 Jahre wurden auch mehrere Schachspieltypen aus Metall hergestellt. Sie sind einfach deshalb nicht beliebt, weil sie als dekorative Spiele den alten Schachspielen aus Metall unterlegen sind und weil nur wenige ernsthafte Spieler gern Metallfiguren benutzen.

SECHSTES KAPITEL

Bevorzugte Werkstoffe für die Herstellung von Schachfiguren

89 Steine eines chinesischen Schachspiels *(hsiang chi)* des 17. Jhs.

Der gebräuchlichste Werkstoff für die Herstellung von Schachfiguren war seit Beginn des 15. Jhs. Buchsbaumholz – ein feines, dichtfaseriges gelbes Holz eines in Europa und Asien verbreiteten Strauches. Brauchbares Holz liefern allerdings nur Sträucher, die ausgewachsen eine Höhe von 250 bis 350 cm erreichen, die kleinen Sorten haben als Nutzholz nur geringen oder keinen wirtschaftlichen Wert.

Seit dem 18. Jh. wurde Ebenholz ausgiebig für Schachfiguren verwendet. Dieses harte, dunkle Holz liefern Bäume auf Mauritius, Ceylon, in Amerika und Indien. Hart und dunkel genug ist aber nur das Kernholz der Bäume, außerhalb des Kerns wird das Holz weicher und verändert seine Farbe von Pechschwarz nach Gelb. Wie aus Buchsbaumholz läßt sich auch aus Ebenholz jede Form und jedes Muster drechseln und schnitzen, wobei die Härte des Holzes eine hochwertige Oberflächenbearbeitung ermöglicht. Werden Buchsbaum und Ebenholz für die beiden Figurensätze desselben Spiels verwendet, ergibt sich ein idealer Kontrast, deutlich und doch nicht hart.

Zu den Weichhölzern, die seit dem 18. Jh. verwendet wurden, gehören Apfel, Kirsche und sorgfältig ausgewählte Nadelhölzer. Ein versierter Schnitzer kann praktisch jedes Holz verarbeiten, der Drechsler jedoch muß höhere Ansprüche stellen, da nur sehr feinfaseriges, hartes Holz zum Drechseln geeignet ist. Verwendet er anderes Holz, muß er sehr grob arbeiten, da sonst kleine vorstehende Teile, wie Ohren, Nasen und Finger, leicht beschädigt werden und abbrechen können. Im Orient war Sandelholz ein beliebter

90 Schachfiguren mit einfacher, aber reizvoller Formgebung, aus Gewehrpatronen gearbeitet

Werkstoff für Schachfiguren; es ist das sehr feinfaserige aromatische Weichholz eines in Indien verbreiteten Baumes.

Sandelholz hat hellbraune Färbung und läßt sich selbst zu diffizilen Formen und Details drechseln oder schnitzen. Wenngleich sehr weich und leicht zu bearbeiten, ist es doch von großer Dichte. Normalerweise wird es nicht poliert, da Poliermittel die aromatische Note des Holzes zerstören. Bambus, eine Grasart, die eine Höhe von 15 m und mehr erreicht, ist im Osten für viele Zwecke verwendet worden, auch für die Herstellung von Schachfiguren. Die faserige Struktur dieses Werkstoffs macht allerdings das Drechseln sehr schwierig (wenn nicht gar unmöglich), weshalb er in China und Indien nur selten für Schachfiguren gewählt wurde. In Malaysia dagegen diente Bambus sehr ausgiebig zum Schnitzen von Schachspielen, und ein ganz außergewöhnlicher Typ entstand in Java aus geschnitztem und bemaltem Bambus.

Das seit ältesten Zeiten hochgeschätzte Elfenbein wurde für viele der frühen europäischen Schachfiguren verwendet. Sie wurden zumeist aus Elfenbein vom Walroß (*Obdobaemus osmarus*) geschnitzt. Walrosse traten einst in riesigen Herden auf, wurden aber im Mittelalter wegen ihrer Zähne erbarmungslos niedergemetzelt. Die zwei langen Stoßzähne bestehen aus grobfaserigem Elfenbein mit einer langgestreckten Röhre in der Mitte, die mit einer festen, porösen Masse von dunkler Färbung gefüllt ist. Die sie umgebende Zahnsubstanz ist cremeweiß und viel feinfaseriger als der Kern, der nach Art und Aussehen Knochen ähnlich ist.

Seit Beginn des 16. Jhs. etwa wurde afrikanisches Elfenbein in Europa verarbeitet, und etwa vom 18. Jh. an war es allgemein bei Schnitzern und Drechslern in Gebrauch. Dieses Elfenbein vom afrikanischen Elefanten (*Elephas Africanus*) hat eine warme Cremefärbung, die mit zunehmendem Alter kräftiger und bei starkem Sonnenlicht sogar gelb wird. Die Stoßzähne, die anfangs aus halbfestem Mark bestehen, erhärten beim Wachsen zu einer dichten Substanz, die sich Schicht um Schicht aufbaut und durch Verkalkung der Schichten festigt. Elfenbein setzt sich aus zahllosen mikroskopisch feinen, ganz dicht beieinander liegenden Röhrchen zusammen, die strahlenförmig nach außen verlaufen.

Sie erscheinen in Schnitten als sogenannte Maserung. Elfenbein von Elefantenbullen und -kühen ist leicht zu unterscheiden, da die Fasern der Bullenzähne ohne Unterbrechung durchlaufen, während sie bei den Kühen aus zahlreichen kurzen Stücken bestehen. Obwohl aber die Zähne der Elefantenkühe viel kleiner sind, sind sie doch wertvoller.

Afrikanische Elefanten liefern die besten und größten Stoßzähne, die außerdem kräftiger und von besserer Qualität sind als die der indischen Elefanten. Elfenbein von in Siam und den Malaiischen Staaten lebenden Elefanten ist dem besten afrikanischen in vielem ähnlich. Aber zwischen dem afrikanischen Elfenbein und dem aus östlichen Ländern gibt es einen wesentlichen Unterschied: Afrikanisches Elfenbein verhärtet mit der Zeit und vergilbt, das aus östlichen Ländern dagegen bleicht und ändert seine Farbe von Creme in Kalkweiß. Fast alle europäischen Elfenbein-Schachspiele sind aus afrikanischem Elfenbein, die Mehrzahl der östlichen dagegen aus indischem. Natürlich gibt es Ausnahmen, und gelegentlich findet sich ein östliches Spiel, das aus afrikanischem Elfenbein geschnitzt ist. Viel häufiger, als angenommen wird, ist aber vermeintliches afrikanisches Elfenbein in Wirklichkeit malaiisches.

Im 19. Jh. wurde in großen Mengen Bein verarbeitet. Zwar war es billig, aber schwer zu drechseln oder zu schnitzen, doch war zu jener Zeit beste Handwerksarbeit wohlfeiler als edles Material. Bein, das zu Schachspielen verarbeitet wurde, stammte fast ausnahmslos vom Schaf. Die Knochen wurden gesäubert und dann in einem Ofen getrocknet, wodurch die Fett- und Gewebesubstanzen zerstört wurden. Gut präpariertes Bein, das sorgfältig poliert wird, ähnelt indischem Elfenbein; beim näheren Hinsehen entdeckt man allerdings zahlreiche kleine Vertiefungen, die immer deutlicher hervortreten, wenn der Schmutz sich darin festsetzt.

Fast alle Halbedelstein-Schachspiele wurden aus Quarz in seinen verschiedenen Erscheinungsformen hergestellt. Dieses gewöhnlich farblose Mineral wird in vielen Teilen der Erde in großen Mengen gefunden. Es kommt in metamorphen Felsen vor, die nicht selten reich an Goldlagern sind. Seine hier bedeutendsten Erscheinungsformen sind klarer

91 Die Form eines Dschagannath-Karrens hat dieser Läufer der Eingeborenen-Partei eines Schachspiels vom John-Typ aus Delhi

92 Figuren eines Schachspiels aus Französisch-Indochina, eine Schnitzarbeit aus afrikanischem Elfenbein; frühes 19. Jh.

Bergkristall, Rauchquarz, der durch Färben gelbem Topas ähnlich gemacht werden kann, Amethyst oder Saphir, Milchquarz und Rosenquarz. Das als Jaspis bekannte Material ist roter, brauner oder gelber opaker Quarz.

Jade (ein Silikat aus Kalk und Magnesia) sowie Jadeit (ein Silikat aus Natrium und Aluminium) – beide gewöhnlich als Jade bezeichnet – kommen besonders in China, Neuseeland und Amerika vor. In vorgeschichtlicher Zeit wurde Jade viel zur Herstellung von Waffen und Schmuck verwendet. Unter diesen Umständen ist es eigentlich ein wenig überraschend, daß es nur wenige Schachspiele aus diesem zauberhaften Halbedelstein gibt. Jade tritt in den verschiedensten Schattierungen von Grün, Braun, Blau und Weiß auf – weißer Jade wird allgemein als „Hammelfett" bezeichnet. Er ist hart und haltbar, und wenn gut poliert, fast kratzfest.

93 Figuren eines Schachspiels aus Meißener Porzellan, 18. Jh.

Die Schachfiguren und ihre Namen

Man könnte Hunderte von Anekdoten erzählen um die Namen, unter denen die Schachfiguren in aller Welt bekannt sind, und woher die Namen abgeleitet sind. Es wäre aber wenig sinnvoll, alle diese zusammenhanglosen Fakten zu wiederholen, es sei denn, sie seien unwiderlegbar. Soweit wir sicher sind, findet sich die älteste Darstellung der indischen Schachfiguren, in Hydes *De ludis orientalibus libri duo* (Vol. I: *Mandragorias seu historia shahiludi*, Oxonii 1694). Darin sind die Figuren des *shatranj* folgendermaßen benannt: *shah*, *pherz*, *pil*, *asp*, *ruch* und *piyade*. Die Perser haben die Hauptfigur des Spiels immer *shah* (König) genannt, während die in der westlichen Welt „Königin“ (Dame) genannte Figur *fersin* (Berater), der Läufer *pil*, der Springer *asp*, der Turm *rukh* und der Bauer *piyada* hießen. Bei Betrachtung der ältesten Namen könnte als einzige Figur vielleicht das Schiff, das später zum Streitwagen wurde, Verwirrung stiften. In Sanskrit heißt diese Figur *rokha* (für den Streitwagen *ratha*). Daraus wurde auf Persisch *rukh*, eine Bezeichnung, die ebenso auf einen Streitwagen wie auf ein wütendes Kamel angewendet werden konnte – Kamele wurden oft in indischen Schachspielen des 18. Jhs. und burmesischen des 19. Jhs. dargestellt [Bild 66]. Die westlichen Länder übersetzten die ältesten Namen so genau wie möglich, doch gab es in einigen Fällen eine wörtliche oder genau zutreffende Übertragung nicht.

Hierüber ist seit dem 16. Jh. manches geschrieben worden, darunter viel Widersprüchliches. So wurde z. B. im 18. Jh. mit einiger Sicherheit behauptet, daß der Bischof (Läufer) eines Schachspiels in England 1640 zum ersten Male erwähnt werde, doch bezieht sich Middleton in seinem Stück *The Game of Chess* (das Freitag, den 22. August 1624 zum erstenmal aufgeführt wurde) bereits auf Bischöfe (Läufer). Und wenn man die feinen Lewis-Schachfiguren betrachtet, so können es nur Bischöfe sein, und diese entstanden mindestens noch 300 Jahre früher. Die Übersicht auf Seite 118 enthält die Namen der Schachfiguren in den Ländern, in denen Schach intensiv gespielt wird.

94 Schachfiguren aus Gußeisen, von Zimmermann in Hanau um 1850 ausgeführt. Thema des Schachspiels: König Gustav Adolph gegen Kaiser Ferdinand II.

Chaturanga, der Name des Schachspiels in seiner ältesten Form, ist ein reines Sanskritwort, zusammengesetzt aus den beiden Wörtern *chatur* (vier) und *anga* (Glied oder Bestandteil). In Anwendung auf das Schachspiel bedeutete das Wort anfangs eine Miniatur-Hinduarmee aus vier verschiedenen Waffengattungen. Diese waren ursprünglich Elefanten, Pferde, Schiffe – aus denen später Streitwagen wurden – und Fußsoldaten. Wegen der Schiffe gab es immer wieder Unklarheiten. Sie waren aber ein notwendiger Teil dieser Armee-Imitation, da durch die Frühlingsschneeschmelze in den Gebirgen und die sommerlichen Wolkenbrüche die weiten Ebenen des Ganges und des Pandschab einen großen Teil des Jahres völlig überflutet waren.

Die frühen persischen und arabischen Schriftsteller erwähnen nicht einmal einen ungefähren, geschweige denn einen genauen Zeitpunkt für die Namensänderung von *chaturanga* in *shatranj*, den Namen des mittelalterlichen Schachspiels. Zweifellos änderten die alten Perser das Sanskritwort *chaturanga* in *chatrang*. Da aber die Araber, die Persien eroberten, das c am Anfang und das g am Ende des Wortes in ihrem Alphabet nicht kannten, mußten sie zwangsläufig *chatrang* in *shatranj* ändern bzw. verstümmeln. Dieses Wort nun fand im Laufe der Zeit Eingang in die indischen und persischen Idiome. Sogar der Dichter Firdusi (10. Jh.) vermied in seiner Beschreibung des *shatranj* jede Erwähnung eines bestimmten Zeitpunkts, so daß man sich wohl damit abfinden muß, daß dieser Punkt für immer ungeklärt bleibt.

95 Figuren der Schweizer Partei eines ungewöhnlichen flämischen Schachspiels des 19. Jhs. Die Türme sind als Schiffe dargestellt

96 Spanisches Schachspiel aus Kupfer und Messing mit zugehörigem Schachbrett; Anfang des 20. Jhs.

Die Namen der Schachfiguren in verschiedenen Sprachen

DEUTSCH	König	Königin	Läufer	Springer	Turm	Bauer
ABESSINISCH	*Negus*	*Firz*	*Fil*	*Faras*	*Derr*	*Medak*
ARABISCH	*Shah*	*Firzan*	*Fil*	*Faras*	*Rukhkh*	*Baidaq*
DÄNISCH	*Konge*	*Dronning*	*Lober*	*Springer*	*Taarn*	*Bonde*
ENGLISCH	*King*	*Queen*	*Bishop*	*Knight*	*Rook*	*Pawn*
FINNISCH	*Kuningas*	*Rouva*	*Juoksija*	*Juoksija*	*Torni*	*Sotamies*
FRANZÖSISCH	*Roi*	*Reine*	*Fou*	*Cavalier*	*Tour*	*Pion*
GRIECHISCH	Βασιλεύς	Βασίλισσα	Τρελλός	Ἵππος	Πύργος	Πιόνι
HOLLÄNDISCH	*Koning*	*Koningen*	*Raadsheer*	*Ridder*	*Kasteel*	*Pion*
INDISCH	*Shah*	*Wesir*	*Fil*	*Asp*	*Rukh*	*Piyada*
ITALIENISCH	*Re*	*Regina*	*Alfiere*	*Cavaliere*	*Torre*	*Pedina*
JAVANISCH	*Ratu*	*Pateh*	*Mantri*	*Jãran*	*Prahu*	*Bidak*
MAURISCH	*Shah*	*Leila*	*Fil*	*Faras*	*Rukhkh*	*Hari*
NORWEGISCH	*Konge*	*Dronning*	*Bisp*	*Springer*	*Taarn*	*Bonde*
PERSISCH	*Shah*	*Fersin*	*Pil*	*Asp*	*Rukh*	*Piyada*
PORTUGIESISCH	*Rei*	*Rainha*	*Delphim*	*Cavallo*	*Roque*	*Pião*
RUSSISCH	*Korol*	*Fers*	*Slon*	*Kon*	*Ladja*	*Peska*
SCHWEDISCH	*Kung*	*Drottningen*	*Löpare*	*Hast*	*Torn*	*Bonde*
SPANISCH	*Rey*	*Reina*	*Alfil*	*Caballo*	*Torre*	*Peon*
TÜRKISCH	*Shah*	*Firzan*	*Fil*	*Faras*	*Rukh*	*Baizaq*
UNGARISCH	*Király*	*Királyné*	*Futó*	*Ló*	*Bástya*	*Tét*

Museen mit interessanten Schachfiguren

Schachfiguren, die für den Sammler nicht erreichbar sind, wurden, wie schon erwähnt, in diesem Buch nicht behandelt. Die folgende Übersicht jedoch bietet den Schachenthusiasten Hinweise, wo etliche dieser Schätze zu sehen sind.

Belgien

Brüssel: Stoclet Collection; Musées Royaux d'Art et d'Histoire

Dänemark

Kopenhagen: National Museet; Kunstindustri Museum; Schloß Rosenborg

Deutschland, Bundesrepublik

Berlin: Staatliche Museen Berlin (West), Arnimallee 23
Frankfurt am Main: Frankfurter Städtische Museen – Museum für Kunsthandwerk, Schaumainkai 63
Köln: Kunstgewerbemuseum der Stadt Köln, Hansaring 32a
Nürnberg: Germanisches Nationalmuseum, Kornmarkt 1
Osnabrück: Bischöfliches Diözesanmuseum, Im Domkreuzgang
Regensburg: St. Ulrichskirche
Sigmaringen: Fürstlich Hohenzollernsches Museum, Schloß

Deutschland, DDR

Berlin: Pergamonmuseum (Islamisches Museum und Bode-Museum), ehemals Kaiser-Friedrich-Museum, Bodestraße 1–3
Dresden: Historisches Museum (Staatliches Historisches Museum), Zwinger
Porzellansammlung, Zwinger
Staatliches Museum für Volkskunst (Landesmuseum für sächsische Volkskunst), Kopkestraße 1
Leipzig: Museum des Kunsthandwerks (Grassi Museum), Johannisplatz
Quedlinburg: Schloßmuseum – Städtisches Museum, Schloßberg 1
Schwerin: Staatliches Museum, Am Alten Garten

Grossbritannien

Dublin: Petrie Collection; R. Bale Collection
Edinburgh: Museum of the Society of Antiquaries of Scotland; National Museum of Antiquities of Scotland
London: The British Museum; The London Museum; Victoria and Albert Museum
Nottingham: Art Gallery and Museum
Oxford: The Pitt-Rivers Museum
Salisbury: Salisbury Museum
Stoke-on-Trent: Etruria Museum
York: Yorkshire Museum

Frankreich

Paris: Bibliothèque Nationale; Musée de Cluny; Musée du Louvre

Holland

Den Haag: Huis ten Bosch

Italien

Fabriano: Possente Collezione
Florenz: Museo Nazionale
Neapel: Museo Nazionale
Ravenna: Museo Publico
Rom: Museo del Vaticano

Norwegen

Oslo: Etnografike Museet

Schweden

Lund: Kulturhistoriska Museet
Stockholm: National Museum; Slott Skokloster; Statens Historiska Museum

TÜRKEI

Istanbul: Kunstschätze Museum

USA

Baltimore: Maryland Historical Society; Walters Gallery

Brooklyn: Brooklyn Museum

Cleveland: Cleveland Public Library

Minneapolis: Minneapolis Institute of Fine Art

New York: Manhattan Chess Club; Marshall's Chess Club; Metropolitan Museum

Philadelphia: University Museum

San Francisco: N. H. de Young Memorial Museum; United States National Museum

Washington DC: Georgetown University Museum; United States National Museum

State of Washington: Maryhill Museum (am Columbia-River, etwa 200 km von Portland, Oregon, entfernt)

MEXIKO

Mexiko: Museo Nacional

97 Figuren aus einem indochinesischen Schachspiel; 19. Jh.